Emil Läufer

Geschichte des Zollwesens der Stadt Breisach bis zur Mitte des 17. Jahrhunderts

Emil Läufer

Geschichte des Zollwesens der Stadt Breisach bis zur Mitte des 17. Jahrhunderts

ISBN/EAN: 9783955643980

Auflage: 1

Erscheinungsjahr: 2013

Erscheinungsort: Bremen, Deutschland

@ EHV-History in Access Verlag GmbH, Fahrenheitstr. 1, 28359 Bremen. Alle Rechte beim Verlag und bei den jeweiligen Lizenzgebern.

Geschichte des Zollwesens der Stadt Breisach
bis zur Mitte des 17. Jahrhunderts.

Emil Läufer.

Freiburg i. Br.
Caritas-Druckerei.
1913.

Inhalt.

	Seite
Einleitung	3
Erster Abschnitt. Äußere Geschichte der Zölle	4
Erstes Kapitel. Der städtische Zoll	4
§ 1. Bis zum Ausgang des 13. Jahrhunderts	4
§ 2. 14. und 15. Jahrhundert	8
a) Ungeld	8
b) Rheinzoll	9
c) Zollstreit mit Basel	12
d) Zollverhältnis mit Neuenburg	14
e) Erhebung gegen den Markgrafen von Baden	15
f) Lotsenrecht	16
g) Verpfändung an Burgund	18
h) Privilegien Maximilians	20
i) Verhältnis zu Limburg	22
§ 3. Bis zum Anfall an Frankreich	23
a) Vereinbarungen mit Basel	23
b) Vertrag mit Neuenburg	31
c) Wirkung des Dreißigjährigen Krieges	34
Zweites Kapitel. Der österreichische Zoll	34
Zweiter Abschnitt. Die Zollverwaltung	39
Erstes Kapitel. Organisation des Zollwesens	39
§ 1. Beamte	39
§ 2. Tarife	43
a) Ihre Datierung	43
b) Veranlagung	45
§ 3. Die Verzollung	49
a) Rheinzoll	49
b) Brücken- und Torzölle	50
c) Kaufhauszoll und Marktzoll	53

	Seite
§ 4. Zollhöhe und Zolleinnahmen	54
I. Zollhöhe	54
a) Rheinzoll	54
b) Brückenzoll resp. Rheintorzoll	55
c) Kupfer- und Grendeltorzoll	57
d) Kaufhauszoll	57
II. Zolleinnahmen	58
§ 5. Überblick über die Handelsgegenstände	60
Zweites Kapitel. Zollbefreiungen	62
§ 1. Dauernde Befreiung	62
a) Geistliche	63
b) Weltliche	63
c) Städte	64
§ 2. Vorübergehende Befreiungen	66
Drittes Kapitel. Zollbeschwerden	67
Viertes Kapitel. Zollhinterziehung und ihre Bestrafung	71
a) Auf dem Rhein	71
b) Bei den andern Zöllen	72
Anhang. Zollrodel vom Jahre 1397	74
Dis ist der uffsatze des zolles durch die Rinbrugge	74
Dis ist der zolle über die bruggen	76

— — —

Erster Abschnitt.
Äußere Geschichte der Zölle.
Einleitung.

Das am rechten Ufer des Rheins anziehend gelegene Städtchen Breisach ist längst von der Bedeutung, die es in früherer Zeit als oft heißumstrittene Festung gehabt, herabgesunken. Breisach, das einem ganzen Landesteil, dem Breisgau, den Namen gab, war einer der wichtigsten militärischen Stützpunkte am Oberrhein. Aufgebaut auf einem Felsen, umspült von den Wellen des Rheins, galt es als uneinnehmbar[1]. Schon aus diesem Grunde ist es leicht zu erklären, daß der verhältnismäßig kleine Ort eine wechselvolle Geschichte durchgemacht hat im Laufe der Jahrhunderte.

Wenn auch nicht gleich wichtig wie als Festung, hat es doch durch seine Lage am größten deutschen Strome zugleich Bedeutung als eine der Zollstätten, die das spätere Mittelalter hindurch am Rheine angelegt wurden[2], nicht zum Ergötzen der vielen Kaufleute, die mit ihren Waren die bequeme Wasserstraße benutzten.

---

[1] P. Rosmann und F. Ens, Geschichte der Stadt Breisach (Freiburg 1851) S. 41 ff.

[2] Th. Sommerlad (Die Rheinzölle im Mittelalter [Halle 1894] S. 66) weist für das Ende des 14. Jahrh. 62 Rheinzollstätten nach.

Erstes Kapitel.

Der städtische Zoll.

§ 1.

Bis zum Ausgang des 13. Jahrhunderts[1].

Von jener Zeit an, wo Breisach noch linksrheinisch war und daher zum Elsaß görte, war es der Basler Diözese zugeteilt[2]. Unter Heinrich IV. trat die Stadt noch in ein engeres Verhältnis zur Basler Kirche[3], worüber es später zu heftigen Streitigkeiten kam. Als dann der Lauf des Rheins allmählich beständiger wurde und endgültig links an Breisach vorbei ging und die Stadt dadurch dem Breisgau zugeteilt wurde, fiel sie

---

[1] Wir sind in unserer Arbeit fast ausschließlich auf Handschriftenmaterial angewiesen. Leider entspricht aber auch hier die Ausbeute nicht den Erwartungen. Zudem ist der Aktenbestand des Breisacher Archivs noch nicht fachmännisch geordnet. Die Urkunden sind verzeichnet von A. Poinsignon in den Mitteilungen der Bad. Hist. Kommission 11 (Karlsruhe 1889), S. 1—91. Vgl. auch K. Hartfelder, ZGORh. 34, 66 ff. Einiges konnte aus dem Basler Archiv, dem Kolmarer Stadtarchiv und dem Generallandesarchiv in Karlsruhe entnommen werden.

[2] Rosmann a. a. O. S. 119.

[3] Das Münster in Breisach mit seiner Tochterkirche in Hochstetten sowie der Eckardsberg und das Schloß der Uesenberge mit allen seinen Hofgründen wurden der Basler Kirche zugeeignet. Vgl. Rosmann a. a. O. S. 112.

im Jahre 1155 an die Diözese Konstanz[1], jedoch ohne daß Basel seine Rechte auf Breisach einbüßte. Um diese Zeit teilte Bertold IV. den Besitz der Stadt Breisach mit seinem Vetter Hermann III., Markgrafen von Baden; gemeinschaftlich übten sie das Münzrecht darin aus[2]. So stand Breisach unter einer mehrfachen Oberherrlichkeit.

Im Jahre 1185 ließ sich überdies Heinrich VI. vom Basler Bischof, Heinrich von Horburg, mit der Hälfte der bischöflichen Besitzung belehnen[3]. Er verbesserte die Festungswerke und baute auf dem Berge ein Schloß und verordnete, daß auf dem Berge zu Breisach nur Kaufleute Herberge finden sollten[4]. Natürlich ist hier an Handwerker, die ihre Produkte selbst an das Publikum absetzten, mit gedacht. Unter den Zähringern war der Handel Breisachs emporgekommen, und die eben erwähnte Verordnung Kaiser Heinrichs VI. zeigt, welches Interesse auch er den Kaufleuten entgegenbrachte.

In die große Bewegung der Städte beim Ausgang der Staufer wurde auch Breisach mit hineingezogen; wir

---

[1] Trud p. Neugart, Codex diplomaticus II Alemanniae (San-Blas. 1791), p. 86.

[2] Joh. Dan. Schöpflin, Historia Zaringo-Badensis I (Karlsruhe 1763/67), p. 303.

[3] J. Trouillat, Monuments de l'histoire de l'ancien évêché de Bâle I (Porrentruy 1852/67) p. 399. Noverit igitur ... quod dilectus princeps noster Heinricus Basiliensis episcopus, nobis Heinrico Dei gratia Rom. regi in beneficio concessit medietatem curtis Brysach et medietatem montis Brysach, excepta una mansione Burchardi de Uesenberc; medietatemque montis qui dicitur Eggehartberc, ita ut a nobis et ab ipso predicti montes et curtis possideantur pro indiviso. ... cum agris cultis et incultis, bannis, silvis, pratis, pascuis, molendinis, aquis, aquarumque decursibus, piscariis, pedagiis, et cum omnibus eorum pertinentiis, nobis contulit in feodo.

[4] Trouillat l. c. p. 400: „Nulli in monte assignabimus mansionem, nisi mercatus officium voluerit exercere."

finden es im rheinischen Städtebund von 1254. Der Bund richtete sich vor allem gegen die Ausbeutung der Kaufleute durch die Rheinzölle [1].

Doch erst mit Rudolf von Habsburg treten wir in die Zeit ein, die für unsere zollgeschichtliche Betrachtung wichtiger wird. Nach dem Tode Konrads IV. zog Bischof Bertold von Basel das Lehen, das 1185 an Heinrich VI. verliehen wurde, ein. Darüber geriet Rudolf mit dem Basler Bischof in heftigen Streit, indem er geltend machte, daß Heinrich VI. für sich und seine Nachkommen mit Breisach belehnt worden sei [2]. Rudolf verlangte, ihm entweder die Stadt abzutreten oder 1000 Mark Silber zu zahlen. Schließlich blieb Rudolf Sieger [3]. Bald nach Rudolfs Krönung kam Breisach an das Reich, es wurde freie Reichsstadt, wenn auch nicht gerade allzulange. Als solche erhielt sie von Rudolf im Jahre 1275 eine Verfassungsurkunde [4]. Hier hören wir zum erstenmal von der Zollfreiheit der Breisacher Bürger auf dem Rhein [5]. Die Zollfreiheit erstreckte sich nur auf habsburgisches Gebiet und umfaßte wahrscheinlich alle Waren. Zugleich erhielten die Bürger das Recht, innerhalb der Grenzen des habsburgischen Gebietes mit sicherem Geleite Handel zu treiben [6].

---

[1] Monumenta Germaniae historica. Scriptores XVII, 57. Im Verzeichnis der Herren und Städte des Bundes ist auch Breisach angeführt. Man faßte den Beschluß, eine Kriegsflotte von 150 Schiffen auszurüsten. Vgl. F. Keutgen, Urkunden zur städtischen Verfassungsgeschichte (Berlin 1899) S. 83.   [2] Rosmann a. a. O. S. 162.

[3] A. Schulte, Geschichte der Habsburger in den ersten drei Jahrhunderten (Innsbruck 1887) S. 116. O. Redlich, Rudolf von Habsburg (Innsbruck 1903) S. 42.

[4] Abgedruckt bei H. Gengler, Deutsche Stadtrechte des Mittelalters S. 41 ff.

[5] Ab exactione thelonei burgenses per nostri Rheni districtum absolvimus.

[6] Infra Rheni nostri terminos sub nostri conductus securitate negotiabuntur.

Ferner verlieh ihnen Rudolf das Grundruhrrecht[1], „ein für den Handel rein negatives Verkehrsrecht"[2], ein Recht, das in der Tat zu häufigen Streitigkeiten mit andern Orten führte, besonders mit Basel. Die Grundruhr erstreckte sich auf das Gebiet zwei Meilen oberhalb und eine Meile unterhalb von Breisach. Jenes Gebiet, auf das sich die Grundruhr erstreckte, war ursprünglich Überflutungsgebiet und gehörte zum Rheinstrom. Daher war es auch nicht Eigentum irgend einer Gemeinde, sondern des Königs oder des ganzen Landes. So konnte das Grundruhrrecht auf zwei Meilen oberhalb und eine Meile unterhalb der Stadt an Breisach nur durch besondere königliche Verleihung erteilt werden. Ein viertes, wichtiges Recht bestand darin, daß zwischen Breisach und Straßburg keine Ladstatt sein sollte[3]. Auch für dieses Recht hatte Breisach später oft zu kämpfen, da immer wieder Überschreitungen vonseiten der Nachbarstädte vorkamen.

Diese Rechte, vor allem das alleinige Rheinüberfahrtsrecht auf eine große Strecke, wodurch die Stadt zum Stapelplatze erhoben wurde, und das Zueignungsrecht für rheinfällige Waren hatten gewiß große Bedeutung für

---

[1] Quidquid infra ambitum Rheni supra Brisach ad duo miliaria et inferius ad unum fuerit rheinfällig, ad ipsum burgum pertinebit.

[2] T. Geering, Handel und Industrie der Stadt Basel (Basel 1886) S. 183. Die Grundruhr war ein altes Verkehrsrecht. Wenn ein Schiff auf einem Flusse scheiterte, durfte der Herr des betreffenden Grund und Bodens die Fracht an sich ziehen. Öfters wurden Städte davon befreit, so Basel 1357 von Karl IV. (Basler Urkundenbuch IV, Nr. 230). Trotzdem nahm aber Markgraf Bernhard von Baden Basler Kaufleuten 1420 eine wertvolle Ladung weg auf Grund dieses Strandrechts. Vgl. R. Wackernagel, Geschichte der Stadt Basel I (Basel 1907), 438. — E. Gothein, Wirtschaftsgeschichte des Schwarzwaldes I (Straßburg 1892), 111.

[3] Infra burgum Brisach et Argentinensem civitatem nullus erit portus, qui vulgo dicitur ladstatt, nisi apud Brisach.

Breisach. Zugleich können wir aber auch darin das Bestreben erblicken, der Handelspolitik und der Schiffahrt Basels entgegenzutreten; eine Tendenz, die namentlich später, als Breisach vom Reich an das Haus Habsburg verpfändet wurde[1], unter Ludwig dem Bayer eifrig fortgesetzt wurde.

Inwieweit diese Privilegien der Stadt allein zugute kamen, läßt sich aus den vorhandenen Quellen nicht mit Bestimmtheit sagen. König Rudolf hatte sich nämlich Burg- und Schultheißenamt vorbehalten[2]. Doch ist fraglich, welche finanziellen Rechte damit verbunden waren. Eines können wir jedoch erkennen, daß König Rudolf und auch den nachfolgenden Königen und Kaisern, welche diese Privilegien immer wieder erneuerten, an dem Besitze Breisachs viel gelegen sein mußte.

Für das 13. Jahrhundert dürfen wir wohl für Breisach noch keinen städtischen Zoll annehmen. Die Mehrzahl der Städte erwirbt ein Zollrecht erst im 14. Jahrhundert unter Ludwig dem Bayer[3]. Wahrscheinlich ist auch in Breisach der städtische Zoll neben dem stadtherrlichen entstanden. Im folgendem werden wir sehen, wann die Stadt zum erstenmal Zoll erheben durfte.

§ 2.
14. und 15. Jahrhundert.
a) Ungeld.

Mit den Rechten, die Rudolf im Jahre 1275 der Stadt Breisach verlieh, waren auch Pflichten verbunden, so z. B. die des Strombaues. Um der Stadt zu ermöglichen, dieser

---

[1] Im Jahre 1330.
[2] Rosmann a. a. O. S. 172 Anm. 1.
[3] J. Falke, Geschichte des deutschen Zollwesens (Leipzig 1896) S. 93.

Aufgabe gerecht zu werden, verlieh Ludwig der Bayer im Jahre 1330 ihr die Erhebung des Ungelds[1], zugleich das Recht, die Stadtbefestigung nach ihrem Gutdünken zu leiten.

Damit war für die Stadt eine neue Einnahmequelle geschaffen. Gewiß war die Erwerbung des Ungeldes für die Entwicklung eines städtischen Zollwesens überhaupt von Bedeutung[2].

Es frägt sich nun, inwieweit das Ungeld mit dem Zoll zusammenhängt. Ursprünglich ist ja das Ungeld aus dem Zollrecht geflossen, wie schon der Name theloneum indebitum bezeugt[3]. Wir haben hier eine speziell städtische Abgabe zur Bestreitung des Mauerbaues. Die Ungelderhebung, wie sie von Ludwig dem Bayer verliehen wurde, erhielt durch König Ruprecht im Jahre 1403 mit ihrer Erneuerung zugleich eine deutlichere Erklärung. Ruprecht bestimmte, „daz si (die Breisacher) in derselben statt Breysach und burgbann daselbs ire umbgelt und zöll mögen besetzen und entsetzen, hoch und nider, mehren und mindern zu derselben statt notdurft, als si zu einer jeglichen zeit in der obgenanten unser und des heiligen reichs statt Breysach das nutzeste und bequemblichste dunkt"[4]. Wir werden wohl annehmen dürfen, daß auch schon im Jahre 1330 das Ungeld nicht allein zum Strombau, sondern überhaupt für die Bedürfnisse der Stadt verwendet wurde und daß eben der Strombau als bedeutendste Last erwähnt ist. Ebenso, daß sich auch 1330 schon die Höhe des Ungeldes

---

[1] A. Poinsignon in den Mitteilungen 11, 6: Urk. Nr. 16 vom 1. Sept. 1330.

[2] Falke a. a. O. S. 97.

[3] Vgl. G. von Below, Art. Ungeld im Handwörterbuch der Staatswissenschaft VII, 337. — Derselbe, Zur Entstehung der deutschen Stadtverfassung, H3. LIX, 239.

[4] Poinsignon a. a. O. S. 12 Nr. 52. Abschrift der Urkunde im Generallandesarchiv Karlsruhe, Kopialbuch 779.

ganz nach der finanziellen Lage der Stadt richtete. Wichtiger ist vielleicht, daß im Privileg Ruprechts auch Zölle Erwähnung finden, was 1330 nicht der Fall ist. Doch ist kaum anzunehmen, daß die Stadt erst so spät das Recht erhielt, Zölle zu erheben. Wir haben für das Jahr 1397 einen so ausführlichen Rodel für den Zoll über die Brücke, daß die Entstehung des Zollrechtes noch bedeutend vor diese Zeit fallen muß.

b) **Rheinzoll.**

Genauere Datierung anzugeben, sind wir in der Lage beim Rheinzoll. Dieser muß sicher vor dem Jahre 1370 zum erstenmal erhoben worden sein. Im Jahre 1370 befiehlt nämlich Karl IV. seinem Landvogt im Elsaß, Ulrich von Finstingen, mit den Breisachern zu „schaffen", daß sie den von ihnen ohne des Kaisers Wissen errichteten neuen Rheinzoll wieder abstellen und ohne seine Gunst und sein Wissen ferner keinen aufschlagen[1]. Der Versuch Breisachs, ohne kaiserliches oder königliches Privileg sich den Transitzoll auf dem Rhein anzueignen, ist also gescheitert. Doch bald darauf kam die Stadt in den Besitz des erstrebten Rechtes durch Kaiser Karl IV. Wir besitzen zwar darüber keine Urkunde. Aber aus einer solchen von seinem Nachfolger können wir schließen, daß ungefähr 1373 Breisach einen Transitzoll erheben durfte. Im Jahre 1393 legten die Breisacher nämlich dem König Wenzel die Bitte vor, auf weitere 20 Jahre von jedem Fardel, das den Rhein auf- oder abgeht durch die Brücke, 2 Schilling Straßburger Währung erheben zu dürfen[2]. Wenzel gab ihrer Bitte nach, in Anbetracht, daß sie „seinem vater seligen, ihm und dem riche oft und dicke nutzlichen und willichen getan haben, teglichen tun und für-

---

[1] J. F. Boehmer, Regesta imp. VIII (Innsbruck 1877/99) Nr. 4877.
[2] Basler Urkundenbuch IV, 89. Geering a. a. O. S. 189.

daß tun sollen"[1]. Kaiser Karl IV. muß ihnen also schon dieses Recht eingeräumt haben. Außerdem enthält die Urkunde noch die Bestimmung, die zwei Schilling auch sonst „von allem andern kaufmanschatz" fordern zu dürfen, „die doselbs dhein skein uf oder ableget noch markzal zweinzig ganze jor noch einander, als wir oder unser nachkomen das nicht wider=
rufen, zu besserung und notdurft der brucken und statt Breisach". Dieses Privileg ist, wie man sieht, keine dauernde Vergünstigung; es erstreckt sich nur auf die Dauer von 20 Jahren, doch kann es auch vorher schon von Reichs=
wegen wieder zurückgenommen werden. Es ist ein Ent=
gegenkommen des Reiches für treue Dienste; zugleich ein Mittel, solcher auch für die Zukunft gewärtig zu sein. Von einem Gebührencharakter, der den mittelalterlichen Zöllen als wichtiges Merkmal anhaftete, ist hier jedoch nichts mehr zu erkennen[2]. Wir müßten denn in Betracht ziehen, daß diese Einnahmen zum Teil für die Unterhaltung der Brücke verwendet wurden, wie es in der Urkunde auch bestimmt war. Anderseits kommt aber die Brücke für solche, die den Rhein befahren, nicht in Betracht, weil sie doch nur für den Verkehr vom Elsaß nach dem Breis=
gau und umgekehrt von Wichtigkeit war. Also lediglich zum Nutzen und Frommen der Stadt, zu ihrer Befestigung, werden die Zölle verlangt von Breisach, ohne jede Gegen=
leistung an die, welche sie zahlten.

---

[1] Breisacher Archiv Urk. 44.
[2] Th. Sommerlad, Die Rheinzölle im Mittelalter (Halle 1894) S. 14. „Grundcharakter des mittelalterlichen Zollwesens ist das Gebührenprinzip, d. h. der Grundsatz, daß Zolleinnahmen ledig=
lich als Äquivalent für die Leistung von Verkehr und Sicherheits=
diensten anzusehen und demzufolge zu erheben sind." S. 44: „Seit dem 12. Jahrhundert wurde das alte Gebührenprinzip beim Rhein=
zollwesen immer mehr und mehr verlassen."

Das Zollrecht scheint sich nun für die Folgezeit rasch eingebürgert zu haben. Immer wurde es von den Königen und Kaisern erneuert und bestätigt. Zugleich hat es sich bald erweitert, was aus dem ausführlichen Zollrodel von 1397 zu schließen ist.

Überhaupt ist dies die Zeit, wo sich die Zollstätten am Rhein rasch vermehrten, im 12. Jahrhundert beginnend bis zum 15. Jahrhundert. Für das Ende des 12. Jahrhunderts weist Sommerlad 19 Rheinzollstätten nach; weitaus die größte Zahl kommt im 13. und 14. Jahrhundert dazu. Ende des 14. Jahrhunderts ist sie auf 64 gestiegen[1], wozu etwa um 1373, wie wir gesehen, auch der Zoll von Breisach kam.

c) Zollstreit mit Basel.

Wir haben schon darauf hingewiesen, daß sich der Breisacher Zoll rasch einbürgerte, allerdings nicht ohne Kampf und Streit. Besonders war es Basel, das dem Breisacher Zollrecht heftigen Widerstand entgegensetzte. Zwar sehen wir Basel und Breisach in jener Zeit, wo letztere Stadt noch vom Basler Bischof abhängig war, oft miteinander im Bunde zur Wahrung der gegenseitigen Interessen. Und auch nachdem Breisach freie Reichsstadt geworden war, war das Verhältnis beider Städte zueinander ein gutes. Als aber Basel seit dem 14. Jahrhundert einen Transitzoll auf dem Rhein erhob[2], und Breisach diesem Beispiele folgte, da widersetzte sich Basel aufs heftigste und führte zugleich darüber Klage, daß Breisach ohne seine Erlaubnis und ohne zu fragen, Holz aus dem Oberland durch die Brücke zu Basel führe[3].

---

[1] Sommerlad a. a. O. S. 66, nennt die Zeit „den Höhepunkt der gesamten Handel und Verkehr schädlichen Entwicklung des Rheinzollwesens".

[2] Geering a. a. O. S. 189.

[3] Schon im Jahre 1377 kam es wegen der Holzfuhren zwischen beiden Städten zu Streitigkeiten, die aber nicht beigelegt wurden.

Schließlich mußte Herzog Leopold von Österreich in den Streit eingreifen, der es 1397 zu einem Vergleich zwischen beiden Parteien brachte. Richter waren außer den Räten des Herzogs Abgesandte der Städte Straßburg, Kolmar, Schlettstadt, Freiburg, Neuenburg, Rheinfelden, Säckingen und Schaffhausen. Man entschied zugunsten Breisachs, und zwar sollten die Basler wie andere Leute an der Brücke zu Breisach zollen. Anderseits müssen aber auch die Breisacher in Basel, wenn sie Holz unter der Brücke durchführen, von jedem Floß oder Schiff 4 Pfennig geben, worauf sie dann ungehindert durchziehen können[2]. Es ist also Basel nicht gelungen, sich über den Breisacher Zoll hinwegzusetzen; nicht einmal eine teilweise Befreiung wurde ihnen gestattet, wie in späterer Zeit, sie mußten zollen wie andere Leute auch. Der Holzhandel zwischen beiden Städten muß in jener Zeit schon bedeutend gewesen sein, sonst hätte sich deswegen kein so heftiger Streit entspinnen können. Besonders aber im 15. und 16. Jahrhundert stand er in Blüte; und Breisach deckte seinen Holzbedarf fast ausschließlich aus der Basler Gegend, aus dem Wiesental und Delsbergertal[3]. Es liegt nun sehr nahe, den Zollstreit in Verbindung zu bringen mit der

---

Vgl. Wackernagel a. a. O. I, 275 ff. K. J. Straub, Die Oberrheinschiffahrt im Mittelalter mit besonderer Rücksicht auf Basel. Freib. Diss. 1912.

[1] Man hatte sich geeinigt, „daz der egenanten von Brisach kuntschaft vil besser sei denn der von Basel, und daz dieselben von Basel billich zollen sollen ze Brisach durch die brugg, daruber, darob, nidwendig und durch die statt als ander leut, die zoll da geben ungeverlich." Basler Urkundenb. V, 234. P. Ochs, Geschichte der Stadt und Landschaft Basel. 8 Bde. II (Basel 1786 ff.), 332. Geering a. a. O. S. 189. Roßmann a. a. O. S. 227.

[2] B. Brendle, Der Holzhandel im alten Basel. Freib. Diss. 1910. Straub a. a. O. S. 28.

Abfassung des Zollrodels im gleichen Jahre. Breisach wollte eben ein für allemal eine feste Norm aufstellen für die zollpflichtigen Gegenstände, um in Zukunft jeden Streit und jedes Mißverständnis zu vermeiden.

d) Zollverhältnis zu Neuenburg.

Nicht allein das mächtige Basel, sondern auch das bei weitem unbedeutendere Neuenburg lehnte sich bei Breisachs Zollerhebung auf, indem seine Bürger der Meinung waren, für sich und ihre Waren bei Breisach auf dem Rhein keinen Zoll geben zu müssen. Lange wurde hin und her gestritten, bis Paulus von Riehen, Schultheiß zu Freiburg, im Jahre 1399 den Streit dahin entschied, daß die Neuenburger und ihre Waren zollfrei durch die Brücke bei Breisach fahren dürften[1]. Doch müssen sie schwören, daß die Waren ihnen und keinem andern gehören, „durch daz den von Brisach ir zolle gegen andern luten nit empfuret werde". Ebenso sollen aber auch die von Breisach und ihre Waren in Neuenburg zollfrei sein. Es ist das erste Mal, daß uns eine gegenseitige, vollständige Zollfreiheit begegnet zwischen Breisach und einer andern Stadt; wir werden im folgenden sehen, daß Breisach in späterer Zeit noch des öftern derartige Verträge schließt. Es ist bezeichnend, welchen Widerstand man dem neuen Breisacher Zoll entgegensetzte und wie man bestrebt war, dieses Handels- und Verkehrshindernis möglichst rasch wieder zu beseitigen. Daß dabei Basel den kürzeren zog, darf uns nicht befremden,

---

[1] „Do vergihe ich Paulus von Riehein... und spriche mit disem gegenwertigen briefe, als daz die egenant von Neuenburg und die ihren und ir gut uf dem Rine durch die brugke ze Brisach zolles frie sin und varen söllent." Breisach Arch. Urk. Nr. 47a. — F. Huggle, Geschichte der Stadt Neuenburg a. Rh. (Freiburg 1876) S. 113.

wenn wir bedenken, daß hinter Breisach Österreich stand und daß die Herzöge von Österreich eben Breisach vorschoben, um Basel zu schwächen. Daß es sich dagegen mit dem von Österreich abhängigen Neuenburg auf guten Fuß stellte, ist natürlich, da sich zugleich dessen Interessen auch eher mit denen Breisachs deckten als die des bebedeutend größeren und mächtigeren Basel.

Um diese Zeit war es auch, daß die letzten Rechte des Basler Bischofs auf Breisach erloschen[1]. Breisach selbst ließ sich im Jahre 1403 von König Ruprecht seine Privilegien bestätigen und erhielt zugleich das Recht, das Ungelb zu erheben[2], wie wir oben schon gesehen haben.

c) Erhebung gegen den Markgrafen von Baden.

Es dauerte nicht lange, so wurde Breisach in neue Streitigkeiten verwickelt. Neuenburg, Breisach und andere vom Reich an Österreich verpfändete Städte hatten sich an das Reich zurückgekauft, da Herzog Friedrich in die Reichsacht erklärt war. König Sigismund bestellte den Markgrafen Bernhard von Baden zum Statthalter über die Lande oberhalb und unterhalb von Breisach. Hier nahm der Markgraf auch seinen Wohnsitz.

Während der kurzen Zeit seiner Statthalterschaft hatte er sich aber sehr unbeliebt gemacht, indem er seine Stellung dazu benützte, neue Rhein- und Landzölle einzurichten. Um dem zu steuern, taten sich mehrere Städte des Breisgaus, unter anderm auch Breisach, zu einem Bunde zusammen. Selbst König Sigismund griff ein und befahl dem Markgrafen, den neu eingerichteten Zoll wieder abzuschaffen[3]. Doch erst einer zweiten Erhebung der Städte gelang es, Bernhard zu bestimmen, daß er die neuen

---

[1] Rosmann a. a. O. S. 227.
[2] Poinsignon in Mitteil. 11, Nr. 52.
[3] Boehmer, Reg. XI, 4848.

Zölle aufhob und die Städte bei ihren Rechten und Frei=
heiten ließ[1].

f) Lotsenrecht.

Auch mit Basel dauerte der Friede nicht sehr lange.
Im Jahre 1425 machten nämlich die Breisacher Ansprüche
auf ein Lotsenrecht, indem sie verlangten, daß die Basler
in Breisach Steuerleute an Bord nehmen sollten, wie die
oberländischen Schiffer in Basel. Dies war nötig zur
Sicherheit für die Fahrzeuge auf dem Flusse, zumal bei
den schwierigen und ungeregelten Verhältnissen des Rheines.
Breisach erhielt im Jahre 1442 seine Ansprüche von
Friedrich III. bestätigt[2]. Breisach hatte vor allem geltend
gemacht, daß es eine Ladstatt sei und daß es dieses Recht
genießen wolle wie andere Städte auch. Friedrich gab
die Bestätigung besonders im Hinblick auf die Pilger und
auf die Kaufmannswaren, in dem er glaubte, „daz der
bilgerim der koufmanngut nit so wol ver=
sorget ist als notburftig were"[3]. Die Bestimmung
war für Breisach entschieden eine weitere, große Ver=
günstigung, vor allem für die dortige Schifferzunft, indem
die Beförderung von Menschen und Waren auf eine große
Strecke des Rheins zum Teil in ihre Hände kam. Trotz
der Bestätigung des Lotsenrechtes durch Friedrich war
der Streit dennoch nicht vollständig beseitigt. Eine vor=

---

[1] Über diesen Streit vgl. J. F. Mone, Quellensammlung zur
badischen Landesgeschichte I (Karlsruhe 1848/67), 255 Basler
Chroniken IV, 28. H. Schreiber, Geschichte der Stadt Frei=
burg III (Freiburg 1857/60), 81.

[2] „Als oft ein schiff den Ryn ab zu inen kompt,
daruff drig schiff= oder stierman stond, so sollen zwen
abstan und nit me bann einer daruf bliben und dafur
zwei Brisacher genommen werden...." (Basler Urkunden=
buch VII, Nr. 16).

[3] Breif. Arch. Urk. Nr. 103.

läufige Entscheidung fand er in der Rheinfelder Richtung[1] vom Jahre 1443. Darnach wurde den Breisachern von neuem das Recht zugestanden, Steuerleute zu stellen. Als Lohn haben ihnen die Basler für gewöhnlich 1 fl. zu geben, für Einsiedler Schiffe mit Pilgern 1½ fl., und für Lastschiffe, die zur Zeit der Messe nach Frankfurt fahren, 2 fl. bis Straßburg. Außerdem sind Leute und Lasten zollpflichtig, das Schiff dagegen nicht. Basler Schiffe, die beinahe leer sind oder nur wenige Pilger als Passagiere haben, brauchen keinen Steuermann zu nehmen; auch in diesem Falle müssen Leute und Schiffe verzollt werden, letzteres mit 4 Plappart. Damit die Verzollung besser und rascher vor sich geht, haben die Breisacher zu diesem Zwecke zwei Fertiger zu bestellen. Einige Vergünstigungen werden jedoch den Baslern eingeräumt. Wenn nämlich die Schiffleute von Breisach ihnen keine Steuerleute geben können oder geben wollen, so dürfen die Basler Schiffleute nach Bezahlung der Zölle allein weiterfahren. Ebenso, wenn in Breisach etwa sechs bis acht Leute rheinabwärts wollen und von den Breisacher Schiffern nicht befördert werden, so dürfen die Basler sie aufnehmen ohne weitere Verpflichtung an die Breisacher. Den Rhein sollen bis Breisach die Basler, bis Straßburg die Breisacher untersuchen. Im übrigen soll der Vertrag von 1397 auch fernerhin gelten.

Doch waren auch damit die Streitigkeiten noch nicht endgültig aus der Welt geschafft[2]. Die Basler suchten vor allem das Zoll- und Lotsenrecht der Breisacher zu beseitigen, überhaupt Breisach vollständig vom Rheine zu verdrängen. Einigermaßen Stillstand trat ein durch

---

[1] Basler Urkundenbuch VII, Nr. 32. Ochs a. a. O. III, 317. Wackernagel a. a. O. S. 577.

[2] Über den ganzen Verlauf der Streitigkeiten vgl. besonders Straub a. a. O. S. 24 ff.

die Breisacher Richtung vom Jahre 1449[1]. Das Lotsenrecht der Breisacher wird auch hier bestätigt. Darnach sollen alle Basler Schiffe Steuerleute nehmen zu Breisach zu 1 fl. bis nach Straßburg, ausgenommen, wenn sie keine bekommen können oder wenn die Fracht zu gering ist. In diesem Fall sollten sie Zoll- und Fertigungsgeld und für leere Schiffe 4 Plappart Bodenzoll zahlen.

Frankfurter Meßschiffe mit vier Rudern sollen zwei Steuerleute nehmen und jedem 2 fl. bezahlen; mit drei Rudern zwei zu je 1½ fl. und mit zwei Rudern einen Steuermann zu 2 fl.

Zur Zeit der Achen- und Einsiedlerfahrten sollen die Basler zu Breisach gehalten werden wie die Oberländer in Basel. Sie sollen 4 Plappart Zeichengeld und 4 Plappart Fertigungsgeld geben, außerdem den Fertigern noch ein besonderes Trinkgeld.

Auch hier finden wir Breisach Basel gegenüber wieder bedeutend im Vorteil, und es ist wohl begründet, wenn Wackernagel[2] sagt, daß „vielleicht Straßburg hier ein Interesse gehabt hat, der rheinischen Konkurrentin entgegenzuwirken".

g) Verpfändung an Burgund.

Inzwischen war Breisach wieder an Österreich gekommen. Doch war es keine Zeit der Blüte und des Aufschwungs, in der sich die Stadt damals befand. „Die beiden Habsburger, Herzog Albrecht der Verschwender und Herzog Sigismund hatten vollständig Raubwirtschaft getrieben."[3] Letzterer war im Kampfe mit der Schweizer Eidgenossenschaft unter-

---

[1] Basler Urkundenbuch VII, 255. Ochs a. a. O. IV, 21, Anm. 3. Wackernagel a. a. O. S. 599.

[2] Wackernagel a. a. O. S. 547.

[3] H. Witte, Der Zusammenbruch der burgundischen Herrschaft am Oberrhein. ZGO. NF. II, 4.

legen¹. Als Entschädigung wurde ihm die Summe von 10000 fl. auferlegt. Dafür sollte das wichtige Waldshut mit dem Schwarzwald zum Pfande stehen und den Eidgenossen huldigen, wenn die Summe bis zum festgesetzten Termin am 22. Juni 1469 nicht bezahlt sei. Die Stände erklärten sich auch bereit, das Geld aufzubringen. Doch der Herzog ging nicht darauf ein, sondern wandte sich an fremde Hilfe. Durch den Vertrag von St. Omer vom 9. Mai 1469 verpfändete er für 50000 fl. die Grafschaft Pfirt und die Landgrafschaft Oberelsaß nebst den vier Waldstätten Waldshut, Laufenburg, Rheinfelden und Säckingen samt dem Schwarzwald und Breisach an Karl von Burgund. Als Landvogt wurde Peter von Hagenbach über die Lande gesetzt, der seinen Sitz meist in Breisach hatte². Was Breisach betrifft, so hatte Herzog Sigmund ursprünglich nicht die Absicht gehabt, die Stadt zu verpfänden. Aber Herzog Karl wollte gerade auf diesen Stützpunkt nicht verzichten. Doch mußte er ausdrücklich versprechen, Breisach seine Freiheiten zu bestätigen³.

Was nun die burgundische Herrschaft vor allem verhaßt machte, war die Einführung einer allgemeinen Steuer. Von jeder Maß Wein sollte ein Pfennig bezahlt werden: der sogenannte böse Pfennig. In welcher Weise er jedoch erhoben wurde, ob vom Käufer oder Verkäufer, läßt sich nicht mit Bestimmtheit angeben⁴. Nur so viel ist sicher, daß die Erhebung und besonders der damit Beauftragte,

---

¹ Über diese Kämpfe und das folgende vgl. Witte, Zur Geschichte der burgundischen Herrschaft am Oberrhein. ZGO. NF. I, 129 ff., ebenso den obengenannten Aufsatz von Witte.

² Über Peter von Hagenbach vgl. H. Schreiber, Peter von Hagenbach und das Gericht der Geschworenen zu Breisach. Taschenbuch für Geschichte und Altertümer in Süddeutschland 2. Jahrg., Freiburg i. Br. 1840, S. 1—66.

³ Mone, Quellenkunde III, 418 u. 419.

⁴ Darüber Witte, ZGO. NF. II, 6 f.

Peter von Hagenbach, eine ungeheure Mißstimmung in der Bevölkerung der betroffenen Landesteile hervorrief. Mag jedoch die burgundische Herrschaft auch schwer auf den verpfändeten Landen, besonders auf Breisach, gelastet haben, so war von Niedergang des Handels und Verkehrs, wie es Rosmann[1] darstellt, nicht die Rede. Im Gegenteil, der Mißwirtschaft, wie sie unter Sigmund und seinem Vorgänger eingegriffen hatte, wurde ein Ende gesetzt und wieder mehr Ordnung in die politisch und wirtschaftlich verfallenen Lande gebracht, besonders Ruhe und Sicherheit auf den Straßen wieder hergestellt.

Doch der Zorn der Bevölkerung stieg immer mehr und entlud sich schließlich auf den Landvogt, der ja gewiß durch die Härte seiner Maßregeln seine Untertanen aufbringen mußte, der aber auch seine Politik im Jahre 1474 mit dem Leben zahlte[2]. Durch die Heirat Maximilians mit Maria von Burgund kamen alsdann die verpfändeten Lande, somit auch Breisach, wieder an Österreich.

h) Privilegien Maximilians.

Unter Maximilians Regierung nahm Breisach wieder einen erheblichen Aufschwung, besonders in wirtschaftlicher Beziehung. Er war darauf bedacht, die Privilegien der Stadt zu wahren und von neuem zu bestätigen, nötigenfalls gegen fremde Eingriffe oder Überschreitungen zu verteidigen. Als es z. B. wiederholt zu Streitigkeiten gekommen war, weil Amtsleute des Reiches und des Hauses Österreich den Zoll auf der Rheinbrücke bei Breisach nicht entrichten wollten, befahl Maximilian im Jahre 1493, daß jedermann der die Brücke zu Breisach passiere, die hierüber bestehenden Privilegien der Stadt gegenüber

---

[1] A. a. O. S. 248 ff.
[2] Er wurde am 9. Mai in Breisach hingerichtet.

respektiere[1]. Darnach sollen alle, welche die Brücke benützen, verpflichtet sein, den Zoll zu entrichten. Zollfrei sind nur das kaiserliche Hofgesinde, wenn es auf besondern Befehl der Regierung reist, und auch dann nur bei genügender Beglaubigung[2]. Im Jahre 1495 bestätigte er der Stadt alle kaiserlichen und königlichen Privilegien, vor allem, daß zwischen Breisach und Straßburg keine Ladstatt als zu Breisach sein soll, das Grundruhrrecht, das Recht innerhalb der Grenze der Stadt Ungeld und Zoll einzurichten je nach Notdurft der Stadt, Zollfreiheit auf dem Rhein von Rheinfelden bis Straßburg für sich und ihre Waren, „nach derselben stadt recht"[3]. Daß Maximilian in der Tat auch bereit war, Breisachs Rechte zu schützen, zeigt uns eine Verurteilung des Wilhelm Freiherrn zu Rappoltstein vom Jahre 1495. Er war von Breisach beschuldigt, schon einige Male den Zoll nicht entrichtet zu haben. In dem Urteil wurde ihm auferlegt, daß „der von Rapoltstein die zöll von korn, holz und anderm, so er uber die brugken bei Breisach fueren last, als ander, die daselbs

---

[1] Wohl auf Grund dieser Bestimmuug behauptet Rosmann S. 281: „Den Bürgern erteilte er das neue Recht, einen Brückenzoll zu erheben, 1405" (soll wohl heißen 1495). Es war jedoch kein neues Recht, sondern nur eine Bestätigung eines schon bestehenden.

[2] ...„Danach empfehlen wir mit allen und jedem insonders mit ernst gebietend und wöllen, daz ir solchen obberürten zoll, so oft und dick ir uber die genant brugken hin und her wieder mit euer leiben, pferden und wegen ziehen und wandlet, gebet und folgen lasset, wie von alters herkommen ist. Welche aber auf unsern bevelch oder sonst in unsern geschäften uber die obbemelt brugken zu Breysach ziehen und wandlen, auch unser geprot hofgesind weren, dieselben söllen das dem zollner bei irem glauben, so verre er si des nit erlassen wollte, aussagen und mit inen des zolls halben och gehalten werden, wie von alters herkommen ist" (Breis. Arch., Urk. Nr. 158).

[3] Generallandesarchiv Karlsruhe, Kopialbuch Nr. 779.

22 Erster Abschnitt. Äußere Geschichte der Zölle.

fueren laffen, inen (den Breifachern) geben, aus=
richten und bezalen fol laut irer fraihait..."¹.

i) Verhältnis zu Limburg.

Auch zwischen Breisach und den Besitzern des Schlosses
Limburg am Kaiserstuhl, den Grafen Georg und Konrad
von Tübingen, waren Zollstreitigkeiten entstanden, die
schon in das Jahr 1439 zurückreichen. Damals hatten
die Grafen von den Breisachern Zoll auf dem Rhein ab=
verlangt, trotz der Zollfreiheit Breisachs auf dem Rhein
von Rheinfelden bis Straßburg. Sigmund befahl nun
den Grafen, die Breisacher nicht mehr weiter mit Zoll
zu belästigen². Doch scheint dies keine große Wirkung
gehabt zu haben; denn schon zwei Jahre darauf erfolgte
die gleiche Beschwerde vonseiten der Breisacher und auch
der Basler. Letztere machen geltend, daß der Zoll viel
höher sei als früher und die Höhe des Breisacher Zolls
bald erreiche. Dadurch werde nicht nur die Rheinfahrt
gehindert, sondern es gereiche auch den andern Zoll=
städten zu großem Nachteil. Zudem sei die Landung dort
oft mit großen Gefahren verbunden. Ein Vertrag über
eine etwaige Vereinbarung liegt uns nicht vor; doch ist
wahrscheinlich, daß der Streit in irgend einer Weise bei=
gelegt wurde; denn über ein halbes Jahrhundert hören
wir nichts mehr von Beschwerden in dieser Angelegen=
heit. Erst im Jahre 1493 brach der alte Kampf wieder
los. Nach langen Verhandlungen kam es 1496 zu einem

---

² Breis. Arch., Urk. 159 b.
¹ ..."darum begern wir von dir und gebieten dir
auch ... mit diesem brief, daz du mit den deinen be=
stellen wollest, daz si von den obgenanten von Breisach,
noch von allen den iren noch irem gut keinen zoll nicht
mer nemen und si bei iren freiheiten beleiben lasset."
Breis. Arch. Zollsachen XIII.

Vergleich. Darnach sollen die Breisacher mit „iren lüten, gut und kaufmannschaft, so daselbst (an der Zollstätte zu Limburg) abgefertigt wird", sie fahren bei Limburg rheinauf= oder abwärts, zollfrei sein, doch müssen sie am Fahr, wie andere auch, zukehren und „dem zoller ir gut und kaufmannschaft ansagen". Desgleichen sollen aber auch die Grafen von Tübingen von allem dem, was sie auf dem Schlosse Limburg zum Unterhalt nötig haben, wie Wein, Korn, Bauholz und ähnlichem, wenn sie es zu Breisach durch die Stadt führen, auf dem Rhein oder auf dem Land, keinen Zoll zu geben schuldig sein.

Wenn Breisachs Zollpolitik auch nicht die Bedeutung der ihrer oberrheinischen Nachbarstädte Basel und Straßburg erreicht hat, was schon in dem Größenverhältnis dieser Städte zueinander begründet ist, so können wir ihr doch, wie aus dem bisherigen hervorgeht, eine gewisse Höhe nicht absprechen. Vor allem bewundern wir, mit welcher Energie die Stadt ihre Rechte in diesem Punkte durchzusetzen gewillt war, allerdings gestützt auf die Macht der Habsburger.

§ 3.

Bis zum Anfall an Frankreich.

a) Vereinbarungen mit Basel.

Im folgenden wird uns weitaus am meisten das Verhältnis mit Basel beschäftigen. Namentlich für das 17. Jahrhundert werden wir sehen, wie sich Basel, vor allem die dortige Schifferzunft, vom Breisacher Zoll zu drücken suchte, wie aber anderseits Breisach seine bezüglichen Rechte mit allem Nachdruck zu verteidigen und zu wahren gewillt war.

Durch die Verträge der Rheinfelder und der Breisacher Richtung waren die Zollstreitigkeiten zwischen beiden

Städten für längere Zeit beigelegt. Erst seit dem Ende des 15. Jahrhunderts gerieten sie wieder aneinander, vor allem wegen der Flößerei. Im wesentlichen galten bis dahin die Bestimmungen, wie sie im Jahre 1397 durch Herzog Leopold von Österreich festgesetzt wurden[1]. Darnach mußten die Breisacher von jedem Floß oder Schiff mit Holz, das bei Basel durchfuhr, vier Pfennige bezahlen; außerdem mußten sie Anfang des 15. Jahrhunderts Steuerleute und Knechte von der dortigen Schifferzunft nehmen. Allmählich gingen aber die Basler darauf aus, den Holztransport an sich zu reißen, und verursachten dadurch den Breisachern großen Schaden. Schließlich einigte man sich 1486 in einem Vertrage, wonach die Basler Schiffsleute von Holzschiffen in Breisach 10 Plappart zu zahlen hatten, aber keinen Steuermann nehmen mußten[2]. Endgültig beigelegt wurden die Streitigkeiten aber erst im Jahre 1491[3]. Dabei wurde der Vertrag von 1397 erneuert und dessen Bestimmungen zum Teil erweitert und ergänzt, indem nämlich die Größe jedes Floßes bestimmt wurde. Es sollten nicht vier oder fünf Flöße aufeinander gebunden und als ein Floß verzollt werden. 100 Latten oder 1000 Rebstecken sollten ein Ganzes ausmachen. Es scheint, daß es die Breisacher in diesem Punkte nicht immer genau nahmen, so daß sich Basel veranlaßt sah, eine Fixierung festzulegen. Die Abmachungen blieben in Geltung bis zum Jahre 1533. Es waren damals wieder Zwistigkeiten zwischen Basel und Breisach wegen Holzflößerei auf dem Rhein und Getreidefuhren entstanden. Besonders waren die Basler darüber ungehalten, daß sich allerlei fremde Leute anmaßten, große

---

[1] Vgl. oben, die Beilegung des Zollstreites zwischen Basel und Breisach durch Herzog Leopold.
[2] Straub a. a. O. S. 28.
[3] Basler Urk.-Buch IX, 119.

Schiffe zu verfertigen und zwischen Basel und Breisach zu führen und mit Steuerleuten zu besetzen, die des Rheinlaufs unkundig seien. Es wird daher von neuem eingeschärft, daß zwischen Basel und Breisach keine Ladstatt sein solle; auch sollten innerhalb dieser Grenzen keine großen Schiffe gemacht und geführt werden[1]. Die beiderseitigen Zollrechte werden erneuert.

Es ist wohl zu ersehen, daß die Basler Schiffleute den Handel auf dem Rhein ganz in ihre Hände bringen wollen, und so lassen sie keine Zwischenstationen zu, wie auch Breisach darauf dringt, die Strecke bis Straßburg möglichst zu beherrschen. Den Breisachern wird ferner gestattet, Bauholz und Flöße zu kaufen, wenn es „zu der statt notdurft geschieht und nicht of merschatz noch fürkouff". Sie sollen dann vom Floß nicht mehr geben als vier Pfennig Stäbler; müssen aber vom Rat in Breisach einen glaubwürdigen Schein mitbringen und dem Zoller auf der Rheinbrücke zu Basel vorweisen. Sollte jedoch ein Breisacher Bürger Holz auf Mehrschatz kaufen, so muß er zollen, wie andere auch, nämlich vom Floß zwei Schilling Stebler[2].

In Biesheim sollen die Basler nur zollen, wenn sie Getreide vorbeiführen, um Handel zu treiben[3]. Sonst sollen sie gegen Vorweisung eines vom Rate ausgestellten Scheines zollfrei sein.

Wichtig für den Holzhandel war ferner die Bestimmung, daß in den Monaten Februar und März und später auch im April der Fürkauf von Holz in Basel verboten war, „nicht

---

[1] Basler Urk.-Buch X, 171.
[2] Stadtarchiv Breisach Zollsachen XIII. Stadtarchiv Basel, U. XXI, 1. Brendle a. a. O. S. 72.
[3] Biesheim gehörte zu Österreich, das den Zoll an Breisach verpfändete. Im Jahre 1553 kaufte Breisach das Dorf mit Zubehör um 380 fl. Rosmann a. a. O. S. 316.

allein zum Vorteil der Bewohner von Basel und Breisach, sondern auch für die Landschaften Elsaß, Sundgau, Breisgau und die Markgrafschaft, damit ein jeder seinem Bedarf sowohl an Bauholz als auch an Rebstecken genügen konnte ¹. Es wird den Breisachern jetzt zur Pflicht gemacht, jeweils zwei von den Basler Schiffsleuten mitzunehmen und ihnen bis Breisach 23 Plappart zu geben und sie kostfrei zu halten; nur wenn das Floß oder Gefährt sehr gering ist, genügt ein Schiffsmann.

In der Folgezeit kamen die beiden Städte aus ihren Zollstreitigkeiten fast nie wieder ganz heraus. Immerfort beschwerten sich die Basler wegen Zollserhöhung zu Breisach; so im Jahre 1541, wo sie in einem Schreiben vom 15. Mai 1541 bitten, „der zoller möge von dem strengen zoll abstan". Zwanzig Jahre später erscheinen sie mit der gleichen Klage. Früher hätten sie für ein Schiff 2 fl. bezahlen müssen, jetzt aber 4 und 5 fl., ohne Unterschied, ob das Schiff groß oder klein sei. Sie sprachen hier zum erstenmal die Drohung aus, in Zukunft nicht mehr den Rhein zu benützen, sondern ihre Güter auf der Achse zu befördern². Wie weit diese Anschuldigungen auf Wahrheit beruhen, läßt sich kaum mehr mit Sicherheit nachweisen. Jedenfalls werden sie von dem damaligen Zöllner Stöckl als unrichtig und übertrieben zurückgewiesen. Wir werden bei all den Streitigkeiten und gegenseitigen Anklagen wohl am sichersten gehen, wenn wir einen Mittelweg einschlagen. Tatsächlich hat in der zweiten Hälfte des 16. Jahrhunderts eine Zollerhöhung stattgefunden, was klar und deutlich aus den Zollbüchern hervorgeht, wenn auch nicht in dem Maße, wie es von Basel geschildert wird.

Wenn wir jedoch näher zusehen, so werden wir gewahr, daß der Grund zu den Streitigkeiten vor allem

---

[1] Brendle a. a. O. S. 43.
[2] Vgl. die Akten über Zollsachen: Verhältnis mit Basel.

in der Art der Verzollung lag, indem nicht die Gutfertiger und Handelsleute, denen die Waren gehörten, sondern die Schiffsleute den Zoll entrichten mußten. Die Schiffsleute erhielten nämlich einen bestimmten Lohn für die Beförderung der Waren. Daraus hatten sie aber auch den fälligen Zoll zu bezahlen. Nun gingen sie eben darauf aus, möglichst wenig Zoll zu geben, da es ja aus ihrer Tasche ging und die Höhe ihres Verdienstes gerade deshalb zum Teil vom Zoll abhängig war. Und nicht selten kam es vor, daß sie stundenlang mit dem Zöllner handelten und feilschten.

Wenn nun im Jahre 1566 wieder die gleichen Beschwerden in Breisach einlaufen wegen Erhöhung des Zolls, besonders auf Bauholz, Zentnergut und Speditionswaren, so geben die Breisacher jetzt zwar zu, etwas in die Höhe gegangen zu sein. Sie seien aber dazu gezwungen worden durch den großen Schaden, den ihnen die Rheinbrücke verursacht habe[1]. Um die Brücke wieder ausbessern zu können, hätten sie eine Zollerhöhung vornehmen müssen, wozu sie übrigens auch berechtigt seien laut ihrer Privilegien. Zwar berief sich Basel auf die Verträge zwischen dem Haus Österreich und den 13 Orten der Eidgenossenschaft vom Jahre

---

[1] Nach einem Schreiben an die Eidgenossenschaft wurden damals 4 Joch an der Brücke weggerissen; 3 waren so zugerichtet, daß man sie durch neue ersetzen mußte. Der Rhein hatte etwa 35 „feldbrugken" zerrissen und mit den genannten Jochen weggeführt, zudem noch bedeutenden Schaden an der Stadtmauer, am Graben und den Mühlen angerichtet. Alles in allem könne der Schaden für 40000 fl. nicht wieder gut gemacht werden. Vgl. auch Basler Chroniken I, 222 über die Zerstörung der Brücke; ferner: Basler Chroniken V, 56 für 1340 und ebenso V, 66 für 1407; außerdem: Annales Colmarienses maiores. M. G. SS. XVII, 212 sqq. Ebenda findet sich auch pag. 212 eine Angabe für die Größe der Brücke für das Jahr 1285: „Item pons Brisacensis habet 1664 (pedes) longitudinis et 104 (latitudinis)." Anno 1285.

1511, der sogenannten Erbeinung[1]; allerdings ohne Erfolg. Auch bei der vorderösterreichischen Regierung zu Ensisheim drangen die Basler nicht durch; denn jetzt sei der Fall eingetreten, wo sich Breisach tatsächlich in Not befinde und somit von seinen Zollrechten Gebrauch machen dürfe.

Zu welchen Konsequenzen nachlässige Zolleinziehung vonseiten des Breisacher Zollers führen konnte, zeigt folgendes: Längere Zeit hindurch stellten sich Unregelmäßigkeiten ein im Einziehen des Butter= und Käsezolls, sei es, daß diese Artikel lange nicht mehr befördert wurden, sei es, daß der Zoller, wie der Rat zu Breisach meinte, hier manches durchgehen ließ, so daß diese Praxis alsbald zur Gewohnheit wurde. Als nun der Rat zu Breisach darauf aufmerksam wurde infolge des Zollausfalles und den Zoller auf treuere Ausübung seines Amtes hinwies, legten die Basler diesen Schritt als Zollsteigerung aus und weigerten sich, einen derartigen Zoll zu entrichten. Desgleichen verhielt es sich mit der Verzollung von Anken und Unschlitt, die auf gleiche Weise aus der Gewohnheit kam. Allerdings führt der Zoller diese Tatsachen zum Teil darauf zurück, daß die Basler Schiffsleute solche Gegenstände oft in einer Weise unter die andern Waren versteckten, daß er sie nur mit der größten Mühe, manchmal auch gar nicht, bemerken konnte.

Wie das 16. Jahrhundert für beide Städte in Zwistigkeiten zu Ende ging, so nahm das 17. in neuem Hader seinen Anfang. Besonders war wieder der Streit ent=

---

[1] Über die Erbeinung vgl. Joh. Dierauer, Geschichte der Schweizer Eidgenossenschaft IV, 86. Abgedruckt ist der Vertrag in Eidgenössische Abschiede III, 2, S. 544. Eine Kopie im Stadtarchiv Breisach unter Zollsachen. Darin war bestimmt, „daß niemand, wer der sie, der unsern (Eidgenossen) kofmanschaft, war, hab, gut, wein, korn oder ander essente bing an den zollstätten und zollen, weder uf wasser noch uf land mit ainicher uffatzung bei menglicher peen nit anlangen, bedrengen und beschweren soll."

brannt wegen der Frage, ob es nicht angebrachter wäre, die Basler Kaufleute würden den Zoll von ihren auf dem Rhein beförderten Waren selbst entrichten, anstatt die Schiffsleute damit zu beauftragen. Außerdem erhoben die Basler seit dem Jahre 1613 die Beschwerde, daß der Zoll zu Breisach jetzt nicht mehr „fürgriffsweise", sondern spezifiziert abgenommen werden solle. Bis jetzt hatten die Basler den Vorteil, daß sie ihre Waren fürgriffsweise verzollen konnten. Einen eigenen Ratsbeschluß zu dieser Änderung besitzen wir zwar nicht mehr, aber die Praxis des Zollers und die Übereinstimmung des Rates mit der Praxis in der Ablehnung der Beschwerden Basels lassen uns das deutlich erkennen. Zum erstenmal wurden die Beschwerden laut, als der Zoller für ein mit Waren beladenes Berner Schiff 8 Kronen verlangte. Der Zoller rechtfertigte sich gegen die Anklagen der Basler, indem er geltend machte, er habe den Zoll nicht vom Schiff, sondern von den Waren im Schiff gefordert. Für ihn käme die Größe des Schiffes gar nicht in Betracht, sondern nur die Qualität und Quantität der Waren. Darnach ist klar, daß der Zoll für solche Frachtschiffe große Unterschiede zeigen konnte und tatsächlich auch zeigte, indem er sich in dieser Zeit für eine Schiffsladung zwischen 4 und 18 fl. bewegte.

Bei der „fürgriffsweisen" Verzollung wurde nach Angabe des Zollers an dem durch die Tarife bestimmten Zoll jeweils noch ein Teil nachgelassen. Wir haben jedoch keine näheren Anhaltspunkte, um zu ersehen, wieviel Prozente etwa nachgelassen werden durften oder ob dies dem Ermessen des Zollers überlassen wurde. Sehr wahrscheinlich ist das letztere; denn der Rat machte den Zollern den Vorwurf, sie würden sich in diesem Punkte bestechen lassen und dadurch der Stadt bedeutenden Schaden zufügen. Das führte dann auch dazu, daß der Rat den Zollern gegenüber strengere Maßregeln ergriff und ihnen anord=

nete, sich bei Ankunft der Waren zu deren Qualifizierung einen genauen Schein geben zu lassen, darnach die Berechnung aufzustellen und je nachdem 1, 2 bis zu 5 fl. nachzulassen.

Die Basler hielten sich jedoch nicht lange an die Bestimmungen. Man mußte zu neuen Verhandlungen schreiten. Basel mit der ganzen Eidgenossenschaft machte im Jahre 1616 folgenden Vorschlag: Von allen in der Eidgenossenschaft gewachsenen, erzielten oder gemachten Waren sowie von Branntwein, Wein und Essig, wovon ein Saum für einen Zentner zu rechnen ist, soll jeder Zentner mit drei Kreuzern an die Stadt Breisach oder deren Zoller verzollt werden. Anken, Unschlitt und Käs sollen wie bisher verzollt werden. Von jedem Sack Reis, als notwendigem Lebensmittel, und von jedem Ballen Papier, als geringer Ware, sollen ebenfalls 3 Kreuzer Zoll gegeben werden. Dabei soll der Sack oder Ballen nicht schwerer als 2—2½ Zentner sein. Der Schiffsmann soll einen vom Kaufhausschreiber (zu Basel) und vom Kaufmann, dem die Waren gehören, beglaubigten Schein über die vorhandenen Waren vorweisen, damit der Zoll desto sicherer eingezogen werden könne[1]. Der Vorschlag scheint aber von Breisach nicht angenommen worden zu sein, da es sich benachteiligt glaubte, besonders weil kein Unterschied bei den Waren gemacht wurde und jeder Zentner mit drei Kreuzern verzollt werden sollte. Es wollte wenigstens für bessere Waren, wie Seide, Sammet, Damast und dergleichen, einen etwas höheren Zoll haben. Auch war es nicht damit einverstanden, daß Papier und Reis nicht ebenfalls nach Zentnern, sondern nach Ballen und Säcken verzollt werden sollte. Zu einem endgültigen Vertrage konnte man jedoch vor der Eroberung Breisachs durch die Franzosen nicht gelangen.

---
[1] Basler Archiv U. XXI, 1. Breisacher Archiv: Zollsachen.

Einen ähnlichen Streit hatte Breisach um diese Zeit auszufechten mit den Basler Gutfertigern und Handelsleuten Christoph d'Annon und Hans Jakob Färscher. Diese müssen seit dem Anfang des 17. Jahrhunderts einen nicht geringen Teil der Warenbeförderung von Basel nach Mittel- und Norddeutschland in Händen gehabt haben. Auch sie führten Klage wegen hohen Zolls zu Breisach. Im Jahre 1636 gelang folgende Vereinbarung: Von jedem Stück, sowohl der geringen wie der kostbaren Waren, sollen die Gutfertiger von nun an 9 Batzen Zoll entrichten. Dabei sollte ein Stück in einem Pack nicht über 225 Pfund, ein Stück in einem Faß nicht über 275 Pfund schwer sein. Bei Überschreitung dieser Grenze mußte das betreffende Stück als zwei Stücke verzollt werden.

Der Vertrag sollte allerdings nur auf zwei Jahre geschlossen sein und jeweils nach zwei Jahren erneuert werden. Bei eventueller Auflösung des Vertrags mußte ein halbes Jahr vorher gekündigt werden.

b) Vertrag mit Neuenburg.

Friedlicher als mit Basel gestaltete sich das Zollverhältnis mit Neuenburg, wie ja überhaupt die gegenseitigen Handelsinteressen zwischen Breisach und Neuenburg andere waren als zwischen Breisach und Basel. Hier waren es doch mehr oder weniger nur die Schiffs- und Kaufleute, die durch irgend welche Zollsinteressen mit Breisach in Berührung kamen, bei Neuenburg dagegen die Bürger insgesamt, die zum Zwecke des Ein- und Verkaufens von Waren, besonders von Lebensmitteln, nach Breisach auf die Jahr- und Wochenmärkte kamen, wie umgekehrt die Breisacher nach Neuenburg. Zwischen den beiden letzteren Städten spielt also weniger der Transitzoll auf dem Rhein eine Rolle als vielmehr der Brücken-, Tor- und Kaufhauszoll, wenn natürlich auch der Transitzoll nicht fehlte.

Der Zollvertrag zwischen beiden Städten vom Jahre 1399 blieb etwa 1½ Jahrhunderte in Geltung. Erst um die Mitte des 16. Jahrhunderts stellten sich Differenzen ein, besonders wegen „**des Zolles der Kaufmannswaren, die underwilen unser beiderseits angehörigen, burger und hindersassen uf die jar- und wochenmarkt zu einander gefuert, gebracht, kauft und verkauft**¹. Es wurde nun für die Bürger, Hintersaßen und Anverwandte beider Städte, sowie für ihr Gut, das bei Breisach resp. Neuenburg den Rhein auf- oder abgeführt wurde, von beiden Städten Zollfreiheit gestattet, sofern die Waren nicht Fremden gehörten. In letzterem Falle sollte nach dem Rodel verzollt werden. Wenn die Bürger der beiden Städte mit ihren Kaufmannswaren gegenseitig die Wochen- und Jahrmärkte besuchten oder auch außerhalb der Märkte etwas hin- oder wegführten, kauften oder verkauften, so sollten sie an den Jahrmärkten nichts als das Standgeld bezahlen. Ausgenommen davon waren Früchte und Heringe, die am Tor resp. im Kaufhaus verzollt werden mußten. Auf der Rheinbrücke zu Breisach waren die Neuenburger mit ihrem Gut ebenfalls zollfrei. Die Privilegien beruhten also vollständig auf Gegenseitigkeit. Ebenso wie die mittelalterlichen Städte darauf ausgingen, vom König oder Landesherrn möglichst viele Privilegien zu erlangen², so suchten sie auch unter sich Vorrechte jeder Art für ihre Bürger zu erwerben.

Die Bestimmungen des Jahres 1548 blieben unangefochten, bis um die Wende des 16. und 17. Jahrhunderts ein Streit entstand wegen der Früchte und Heringe, die,

---

[1] Vertrag zwischen Breisach und Neuenburg vom 28. Juni 1548. Breif. Arch. Nr. 191 aa.

[2] „Das Wesen der mittelalterlichen Stadt ist ihre Privilegierung" (G. von Below, Die städtische Verwaltung des Mittelalters als Vorbild der späteren Territorialverwaltung. H. Z. LXXV, 396 f.).

wie oben erwähnt, bei der Verzollung eine Sonderstellung einnahmen, indem sie sowohl zu Breisach als auch zu Neuenburg am Tor resp. im Kaufhaus verzollt werden mußten. Die Neuenburger gingen nun einen Schritt weiter und forderten von Breisach auch Zoll, wenn es Früchte auf dem Rhein an Neuenburg vorbeiführte. Dessen weigerte sich Breisach, insofern nicht irgend ein beliebiger Bürger ihrer Stadt solche Früchte in Neuenburg gekauft und durch die Tore der Stadt geführt habe. Daher vereinbarte man sich von neuem und bestimmte, daß die Früchte, die für die Stadt Breisach den Rhein herab geführt wurden, zollfrei sein sollten; Privatpersonen durften nur 20 Viertel unverzollt zu Wasser herunterführen; was darüber war, mußte verzollt werden, wenn es weiter verkauft wurde. Eine Ausnahme konnte gemacht werden, wenn ein Bürger noch mehr als 20 Viertel zu seinem Haushalt gebrauchte. In diesem Fall war auch der Überschuß von 20 Vierteln noch zollfrei[1]. Es war also dafür gesorgt, daß jeder wenigstens seinen nötigen Vorrat an Getreide decken konnte. Umgekehrt war auch das Verhältnis von Neuenburg zu Breisach in diesem Sinne geändert worden. Ähnlich wurde der Zoll für Holz geregelt, indem in Neuenburg kein Zoll entrichtet werden mußte, wenn das Holz auf Kosten der Stadt Breisach zu ihrem eigenen Bedarf geführt wurde. Andernfalls war es zollpflichtig. Ferner beschuldigte Neuenburg die Breisacher, daß sie mit Kabiskraut öfters Fürkauf trieben, indem sie nicht abwarteten, bis solches auf den Markt zum Verkauf käme, sondern sofort aus den angekommenen Schiffen in ihre eigenen luden und dadurch den freien Markt schädigten. Damit nun jeder zu seinem Bedarf kommen konnte, wurde den Breisachern zu Neuenburg der Freikauf auf dem Markt gestattet und ihnen Zollfreiheit

---

[1] Vertrag vom 2. Oktober 1605. Breis. Arch. Nr. 240a.

für solche Waren zugesichert. An diesen Abmachungen haben beide Städte auch fernerhin festgehalten.

d) Wirkung des Dreißigjährigen Krieges.

Die Stürme des Dreißigjährigen Krieges brachten für Breisach und die ganze Gegend nicht nur politisches Elend, sondern auch wirtschaftlichen Zerfall. Handel und Verkehr waren infolge der Unsicherheit auf den Straßen des ganzen Breisgaus ziemlich lahmgelegt. Auch als die Stadt im Jahre 1638 in die Hände Bernhards von Weimar fiel, konnte der Handel nicht gehoben werden. Klagten die Kaufleute vorher schon über hohe Zölle zu Breisach, so war es jetzt noch schlimmer. Ein Verzeichnis von Waren, die im Februar 1639 von Basel nach Straßburg geführt wurden, zeigt, daß infolge des Krieges der Zoll die ursprüngliche Höhe um das fünf- und mehrfache überstieg. Daher kam es auch, daß man jetzt meist die Straße, die durch Bartenheim, Habsheim und Ottmarsheim führte, benützte. Geregelt wurden die Verhältnisse erst wieder, nachdem Breisach durch den Westfälischen Frieden an Frankreich gefallen war und der Zoll verpachtet wurde[1].

Zweites Kapitel.
Der österreichische Zoll.

Wir hatten schon oben[2] die Frage nach der Entstehung des städtischen Zolles aufgeworfen und uns zu der Ansicht geneigt, daß er erst im Anfang des 14. Jahrhunderts, und zwar neben dem stadtherrlichen entstanden sei. Ursprünglich war der Breisacher Zoll im Besitze des

---

[1] In einem Schreiben an Bernhard von Weimar. Breis. Arch. Zollsachen. [2] S. 10 f.

Zweites Kapitel. Der österreichische Zoll.

Bischofs von Basel. Als im Jahre 1185 Heinrich VI. sich mit der Hälfte des bischöflichen Besitzes belehnen ließ[1], fiel damit auch die Hälfte der Zolleinnahmen Breisachs an den Kaiser[2]. Als dann Breisach später an das Reich fiel, ging damit auch der Zoll an das Reich über. Wie sich aber dann, als die Stadt im Jahre 1330 das Recht der Ungeldserhebung innerhalb der Grenze bekam und gegen Ausgang des Jahrhunderts einen Transitzoll auf dem Rhein erhob, das Reich resp. die Herzöge von Österreich und die Stadt in die Zolleinnahmen teilten, entgeht vollständig unserer Kenntnis. Das ganze 14. und 15. Jahrhundert ist nur von einem Zoll schlechtweg die Rede, niemals von einem stadtherrlichen. Erst im Jahre 1507 hören wir ausdrücklich von „unserem", d. h. vom kaiserlichen Zoll. Eine Verfügung Kaiser Maximilians besagt: „wann über kurz oder lang das schultheißenamt widerumb von inen (den Breisachern) gelöst wird, daß von stund an darnach alle jar in ewig zeit inen und gemeiner statt zu irem nutz und notdurft 32 gulden von den gefällen unsers zolles zu Breisach gegeben werde."[3] Es hat also bestimmt ein kaiserlicher Zoll existiert, der in irgend einer Weise neben dem städtischen erhoben wurde, oder aber der Zoll war geteilt. Zu einem sichern Resultat wird man kaum gelangen. Auch auf Grund einer Urkunde Kaiser Ferdinands II. vom Jahre 1561 werden wir in unsern Schlüssen nicht weiter kommen. In der Verordnung verspricht der Kaiser der Stadt Breisach, um ihre Baulasten zu erleichtern, aus dem seit 1559 neuerrichteten Zoll an der Rheinbrücke jährlich weitere 100 fl. zu zahlen, wenn das immer noch verpfändete Schultheißenamt zurück-

---

[1] S. 7.
[2] Trouillat a. a. O. I, 399. Siehe S. 7 Anm. 3 dieser Arbeit.
[3] ZGO. 34, 77. Breis. Arch. Nr. 167.

gelöst werden sollte, jedoch nur so lange, als der neue Zoll fortbestehe[1].

Ob nun dies ein vollständig neuerrichteter Zoll ist oder aber nur eine Erweiterung des oben erwähnten kaiserlichen Zolles, muß dahingestellt bleiben. Seine Errichtung hat indes eine große Erbitterung bei Breisach hervorgerufen, indem man dadurch großen Schaden des städtischen Zolles befürchtete[2]. Mit aller Mühe suchten es zwar die Breisacher zu verhüten[3], indem sie immer wieder ihre Privilegien vorschützten, wonach sie niemand in ihren Zollrechten schädigen sollte. Schließlich waren sie doch genötigt, sich einverstanden zu erklären. Sie mußten sich sogar dazu verstehen, den österreichischen Zoller in seinem Amte zu unterstützen. Um nun einigermaßen Ersatz zu haben, verlangten sie bei Rückgabe des Schultheißenamtes nicht nur 100 fl., sondern 200 fl., doch wurde ihnen die Forderung abgeschlagen. Die Regierung begründete ihr Vorgehen in der Zollangelegenheit mit den großen Kosten, welche die Türkenkriege verursachten, und der Kaiser müsse eben auf Mittel und Wege sinnen, die Christenheit zu schützen. Von dem neuen Zoll wurden aber weniger die gewöhnlichen Kaufmanns- und Handelswaren betroffen, als vielmehr kostbare Gegenstände, die

---

[1] „So aber derselb gemelt neu zoll bis orts an der rheinbrucken durch uns verändert, hinweg oder an ein anber ort gelegt, oder sonst, wie das sich begeben möcht, gar abgetan und aufgehept wurde, so sein wir inen oder gemeiner statt die bestimmten 100 fl. nicht weiter, sondern allein die hier gedachten 32 fl. zu zahlen schuldig." Breis. Arch. Nr. 196.

[2] Vgl. die Akten über die österreichische Zollaufrichtung im Breis. Arch., Zollsachen.

[3] Gegen den neuen Zoll protestierte nicht allein Breisach, sondern auch Freiburg, Villingen, Neuenburg, Kenzingen, Endingen, Waldkirch, Waldshut, Säckingen, Triberg usw. Beschwerdeschrift an die Regierung zu Ensisheim vom Jahre 1560. Breis. Arch. Zollsachen.

man nicht so notwendig brauchte. Dabei sollten die Waren, die vom Ausland in des Kaisers Land kamen, nur einmal verzollt werden und konnten dann an allen kaiserlichen Zollstationen zollfrei passieren[1]. Ebenso verhielt es sich bei Gegenständen, die aus des Kaisers Landen ins Ausland geführt wurden. Der Zoll war also durchweg ein Grenzzoll.

Daß der neue Zoll von nachteiligem Einfluß auf die Stadt selbst war, beweist, daß Handelsleute öfters deswegen mit ihren Waren wieder vor den Toren Breisachs umkehrten. Von vornherein war auch noch der Mißstand zu befürchten, daß nämlich Stadtzoller und Herrschaftszoller nicht zusammen harmonierten. Solange der Herrschaftszoll von einem zu Breisach „Verbürgerten" eingezogen wurde, gab es noch keine Händel. Als aber im Jahre 1601 beim Herrschaftszoll eine Änderung vor sich ging und ein Fremder als Zoller angestellt wurde, war ein friedliches Zusammenwirken beider Zoller bald unmöglich[2].

Ein besonders heftiger Streit zwischen den Zollern entstand um das Vorrecht beim Zolleinziehen. Bis zum Jahre 1603 scheint es deswegen keine Differenzen gegeben zu haben. Als aber der neue Zoller Bartholomäus

---

[1] Die Pferde, die aus dem Ausland kamen, waren zollfrei, sofern man nicht Handel mit ihnen trieb.

[2] Bald nach der Zollaufrichtung hatte die Regierung auch einen kleinen Platz bei der Rheinbrücke erworben, um darauf ein Zollhäuslein zu bauen. Im Laufe der Zeit erwies es sich aber als zu klein. Als man jedoch ein neues, größeres errichten wollte, stieß man auf allerlei Schwierigkeiten und man entschloß sich, in der Nähe des Rheintores ein fertiggestelltes Haus anzukaufen und zu einem Zollhaus zu verwenden. Da aber dort der Platz etwas beschränkt war, so wurde dem Herrschaftszoller befohlen, an Wochen- und Jahrmärkten den Zoll beim alten Zollhäuslein einzuziehen. Vgl. die Akten über den Zollhausbau und Zollhausverkauf betr. Breis. Arch. unter Zollsachen.

Krafft von der Regierung angestellt wurde, nahm er sofort dieses Recht für sich in Anspruch, unterstützt von der Regierung zu Ensisheim, welche verordnete, daß jeweils der Herrschaftszoller zuerst den Zoll einzuziehen habe[1]. Aber trotz der Verordnung kamen doch häufig Übertretungen vor. Das Verhältnis zwischen Herrschaftszoller und Stadt war kein gutes. Die Stadt verlangte von ihm, daß er sich wie alle seine Vorgänger „verbürgere und bezünftige" und die Lasten der Stadt tragen helfe wie andere auch. Auch solle er mehr auf den Nutzen der Stadt bedacht sein, da ja die Brücken- und Wasserzölle nicht ihr zum Nutzen seien, sondern einzig und allein zur Erhaltung der freien Schiffahrt und zur Ausbesserung der Brücke Verwendung fänden.

Nachdem Breisach französisch geworden war, fiel auch dieser Zoll an Frankreich, das ihn weiter an Pächter abgab. So ist uns noch der Name des Pächters, der als Höchstbietender den Breisacher Zoll vom 1. Oktober 1662 bis 1. Oktober 1671 an sich gebracht hatte, erhalten es war Niclas Fileau. Doch wäre es ungleich wichtiger für uns, wenn uns überliefert wäre, welche Pachtsumme er zu zahlen hatte.

---

[1] Vgl. die Akten über den strittigen Vorzug der Zollvisitierung zwischen dem Herrschaftszoller und dem Stadtzoller. Breis. Arch. und Basler Arch., U. XXI, 1.

Zweiter Abschnitt.
Die Zollverwaltung.

Erstes Kapitel.
Organisation des Zollwesens.

§ 1.
Beamte.

Zur Zeit, als Breisach noch abhängig war vom Bischof von Basel, war mit der Erhebung der Zölle ein bischöflicher Zöllner beauftragt[1]. Als dann die Stadt an das Reich überging, gehörte das Geschäft zum Amt des Burggrafen. Von städtischen Zollbeamten hören wir verhältnismäßig spät. Die Oberaufsicht über die städtische Zollverwaltung hatten Bürgermeister und Rat. Von ihnen gingen die Bewilligung der Gesuche um Zollbefreiung und die Anordnungen für das Zollpersonal aus. Die einzelnen Organe treten erst nach und nach deutlicher hervor[2].

Die finanzielle Kontrolle über den Zoll lag in Händen der Lohnherren; solcher gab es zu Beginn des 17. Jahr=

---

[1] Rosmann a. a. O. S. 187.

[2] Wir sind hier vor allem angewiesen auf das Eibbuch für Breisach, in dem die verschiedenen Ämter der Stadt aufgezählt sind. Es stammt allerdings erst aus dem 16. Jahrhundert. Doch werden wir die Verhältnisse auch auf eine frühere Zeit anwenden dürfen, wenigstens was unser Thema betrifft, da gerade der Zoll keinen allzugroßen Veränderungen unterworfen war.

hunderts drei[1]. Sie hatten „der statt geltgesell" einzuziehen und jährlich darüber an Weihnachten dem Rat Bericht zu erstatten. Die Zölle mußten zur Zeit der Fronfasten von den Zöllnern an sie abgeliefert werden.

An solchen besaß Breisach die Rheintorzoller, den Zoller am Kupfer- und Grendeltor, den Zoller am „Wighus", die Kaufhauszoller, die Schiffszolleinnehmer, den Zoller zu Biesheim und später noch den Zoller am Neutor[2], wozu dann seit der österreichischen Zollaufrichtung durch Kaiser Ferdinand vom Jahre 1559 der Herrschaftszoller kam.

Jeder Zollbeamte mußte bei seinem Amtsantritt mit einem Eide geloben, nach den ihm gegebenen Verordnungen zu verfahren. Ursprünglich waren die Eide für die verschiedenen Zoller gleich, bis nachträglich ein jeder seinen bestimmten Eid zu leisten hatte.

Den Torzollern wurde besonders nahegelegt, daß jeder bei seinem Tor zu bleiben habe und sich ohne Erlaubnis des Bürgermeisters nicht davon entfernen, auch kein anderes Geschäft treiben dürfe. Es wurde ihnen streng befohlen, des Abends und Morgens zur rechten Zeit zu schließen resp. zu öffnen und bei Torschluß niemand mehr einzulassen ohne Erlaubnis des Bürgermeisters. Den Zoll mußten sie sofort nach Empfang, angesichts der Zollpflichtigen, in die Zollbüchse werfen. Die Rheintorzoller konnten dabei von den Schiffszollern und diese von den Rheintorzollern kontrolliert werden. Andern als den Zollpflichtigen

---

[1] Die Angabe ist entnommen aus einer Zollabrechnung des Jahres 1639. Das Eidbuch gibt über die Zahl keinen näheren Aufschluß.

[2] Über die verschiedenen Tore Breisachs vgl. Rosmann a. a. O. S. 314. A. Coste, Notice historique et topographique sur la ville de Vieux-Brisach (Mulhouse 1860) p. 178 not. 1. Zeitschrift Schauinsland XVII, 31 ff. E. Martin, Die Zerstörung Breisachs durch die Franzosen 1793. Zeitschrift der Gesellschaft für Geschichtskunde von Freiburg III, 269.

Geld zu wechseln, war ihnen untersagt; zu dem Zwecke erhielten sie wöchentlich einige Gulden, worüber sie am Ende der Woche einem verordneten Ratsherrn Rechenschaft ablegen mußten. Dem Zoller von Biesheim wurde namentlich eingeschärft, zur Zeit der Straßburger und Frankfurter Messen nachts auf die Güterwagen zu achten, damit der Stadt der Zoll nicht entführt werde. Bei eintretenden Schwierigkeiten, besonders bei Betrug, hatte er sich an den Vogt zu wenden, der ihm dann beistehen sollte.

Die Zolleinnahmen kamen zunächst in verschlossene Büchsen oder Stöcke, die, wie schon oben erwähnt, alle Vierteljahr geleert wurden. Über die Einnahmen mußten die Zöllner genau Rechnung führen. Der Zoller zu Biesheim lieferte in der Regel alle Monate ab, wahrscheinlich um etwaigen Diebstählen vorzubeugen. Doch konnte von den regelmäßigen Ablieferungen, besonders zu Kriegszeiten, eine Ausnahme gemacht werden. So bestimmt eine Ratsverordnung vom 6. Juni 1620: „die kaufhauszoller sollen alle sambstag die geltkästen leren und in das lonhaus liefern, bis das kriegsvolk hinweg ist."[1] Auch der Kupfertorzoller lieferte für das Jahr 1639 wöchentlich ab. Ebenso konnten auch die Zollbüchsen unter der Zeit geöffnet werden, wenn z. B. die Stadt große, außerordentliche Auslagen hatte und die übrigen Einnahmen dazu nicht ausreichten.

Über die Besoldung der Zollbeamten wissen wir nur sehr wenig, vor allem nicht über die wichtigeren davon. Nach dem Eidbuch hatte der Zoller zu Biesheim einen Wochenlohn von 10 Schilling. In der oben erwähnten Zollabrechnung von 1639 heißt es, daß der Kupfertorzoller manche Woche kaum soviel einnehme, daß man ihm davon seinen Wochenlohn geben könne, der 1 fl. 3 Batzen

---

[1] Ratsprotokolle 1620.

betrage. Jedenfalls war die Besoldung für Schiffszoll=
einnehmer und Rheintorzoller entsprechend höher. Von
letzterem wissen wir nur so viel, daß er von den Straf=
geldern, die wegen Zollbetrug eingingen, jeweils den vierten
Pfennig erhielt.

Für den Herrschaftszoller war von vornherein Be=
dingung, daß er der katholischen Religion angehörte. Von
morgens bis abends mußte er bei seinem Zollhaus ver=
harren und durfte ohne Grund nicht davon weggehen.
Auch er hatte alle Vierteljahr seine Einnahmen mit einer
genauen Rechnung an die vorderösterreichische Kammer zu
senden. Besonders auf die Zollverführungen sollte er ein
gutes Augenmerk haben, die Verbrecher womöglich aus=
findig machen und zur Abstrafung bringen, wobei ihm
der Burgvogt behilflich sein mußte[1]. An seiner Seite stand
noch ein Gegenschreiber, dessen Befugnis wir jedoch nicht
mehr genau erkennen können.

Als eine Art Unterbeamte oder Gehilfen werden wir
die im Eidbuch erwähnten Zuhüter an den Toren zu be=
trachten haben. Ihre Stellung war sicher eine unter=
geordnete. Sie hatten die Aufgabe, „morgens zu rechten
zeit an die hut zu gan und die tore helfen uf=
tuen, auch an der hut zu bleiben und ir getreu
uffsehen haben, der statt iren zoll zu empfahen,
desgleichen nachts helfen beschließen". Auch ihnen
war untersagt, an den Toren ein Handwerk zu treiben,
„es wer denn schlecht schnetzelwerk von der hand",
also geringe Arbeit. Dagegen mußten sie zu jeder Zeit
ihre Bewaffnung bei sich haben[2]. Sie waren also in erster

---

[1] Der Eid für den Herrschaftszoller befindet sich in einer Kopie
im Breis. Archiv unter Zollsachen.

[2] Zu Freiburg wurde dem Torzoller in kriegerischen Zeiten
ein „Geharnischter" beigegeben, vor allem zur besseren Sicherung
der Tore. Vogel a. a. O. S. 97.

Erstes Kapitel. Organisation des Zollwesens.

Linie zum Schutze, zur Sicherung der Tore da, erst dann zum Einziehen des Zolles, etwa zur Zeit der Märkte, wann der Verkehr stark war.

Mit den Zollbeamten in naher Berührung standen die Weinsticher. Sie durften niemand den Wein anstechen, bevor der Betreffende das Weinungeld bezahlt hatte oder statt dessen ein „silbern Pfand" vorweisen konnte, das an Stelle des Ungeldes galt. Das Ungeld auf der Gasse einzuziehen, war ihnen verboten. Sonst waren für die Einziehung des Ungeldes in der Stadt und den dazugehörigen Dörfern eigene Ungelder beauftragt.

Einen weitgehenden Einfluß auf den Kauf und Verkauf von Vieh aller Art hatten die Metzger als Beschauer. Sie wurden bei solchen Käufen mit dem Einziehen des Zolles beauftragt und mußten den Ertrag, sobald die Zollbüchse voll war, ins Lohnhaus bringen. Außerdem werden noch erwähnt die Kornmesser und Fürkäufer, doch ohne nähere Angabe ihrer Befugnis. Nicht genannt sind dagegen die Brotbeschauer.

Zur Erhaltung und Ausbesserung der Brücke war eigens ein „Bruckmeister" ernannt, dem eine Anzahl von „Bruckknechten" unterstellt waren.

§ 2.
Tarife.

a) Ihre Datierung.

Die Zolltarife, wenn auch nicht gerade in früher Zeit einsetzend und nicht in großer Anzahl vorhanden, bilden eine Grundlage zur Darstellung unserer Aufgabe. Wir besitzen aus dem Jahre 1397 zwei Zollrodel; der eine für den Rheinzoll trägt die Überschrift: „Diß ist der uffaße des zolles durch die rynbrugge", der andere für den Brückenzoll: „Dis ist der zolle uber die bruggen"[1]. Auf ihnen beruhen im allgemeinen alle späteren Tarife[2]. Was an Taxierungen vor dem Jahre 1397 vorhanden war, darüber versagen unsere Quellen. Daß es solche gab, dafür sprechen zwei Momente. Einmal können wir es schließen aus einer Stelle des Rheinzollrodels, welche lautet: „Item was uber die bruggen harin gat, das sol den alten zolle geben, und an dem rine nút". Die Höhe dieses alten Zolles muß nun in irgend einer Weise bestimmt gewesen sein. Dann setzen die beiden Rodel mit einer solchen Ausführlichkeit ein, daß ihnen sicher schriftliche Aufzeichnungen, wenn vielleicht auch nur in geringem Maße, vorangegangen sind. Auch für das ganze 15. Jahrhundert haben wir keine Tarife oder Zollbücher, so daß wir annehmen müßten, daß die Rodel von 1397 auch für diese Zeit maßgebend waren. Das trifft aber für die Zollhöhe nicht zu; denn von den nächstältesten Zolltarifen, die wir aus dem Jahre 1539 besitzen, wird gesagt: „Anno 1539 sein der statt Breysach zoll uf dem Ryn, der bruggen und den rynthoren durch rat und zunftmeister, wie hernach folgt, **geringert** und erneuert worden." Darnach wäre also der Zoll herabgesetzt worden. Dies ist jedoch nicht der Fall dem Ansatz von 1397 gegenüber; im Verhältnis zu diesem stellen die Tarife von 1539 eher eine Erhöhung dar. Es müssen

---

[1] Beide Rodel sind verfaßt „per Henricum Norsingarium scriptorem huius oppidi". Von Poinsignon fälschlicherweise ins 13. Jahrhundert versetzt. Mitteil. 11, 4.

[2] Höchst wahrscheinlich hat der Rodel für den Rheinzoll den Neuenburger Zollordnungen vom Jahre 1442 und 1499 zur Vorlage gedient; denn sie stimmen fast vollständig überein mit ihm in ihrer Anlage. Allerdings ist die Zollhöhe der Neuenburger Ordnung vom Jahre 1442 nur halb so hoch als die für Breisach, stimmt dagegen 1499 auch hier überein. Abgedruckt bei Huggle a. a. O. S. 145.

also zwischen beiden noch Tarife existiert haben. Eine weitere Redaktion findet statt im Jahre 1586, ebenfalls für Rheinzoll, Brückenzoll und Torzölle. Sie zeigen große Übereinstimmung mit denen von 1539, wenigstens der Anlage, weniger der Zollhöhe nach.

Auffallend ist, daß uns erst aus dem Jahre 1584 eine Kaufhauszollordnung überliefert ist. Wie wir aber aus den Ordnungen für Torzölle entnehmen, müssen auch schon früher solche für das Kaufhaus bestanden haben. Für das 16. Jahrhundert sind wir also im Verhältnis zu früheren Zeiten reichlich versehen. Auch aus dem 17. Jahrhundert besitzen wir mehrere Tarife, so für Brücken- und Rheintorzoll von 1625, für Kupfertorzoll von 1643, für Rheinzoll von 1663 und schließlich für das Neutor einen Auszug aus dem Jahre 1666.

b) Veranlagung.

Was die Tarifierung betrifft, so sind sowohl in den Rodeln und noch viel mehr in den späteren Tarifen die zollpflichtigen Gegenstände im allgemeinen nach ihrer Zusammengehörigkeit geordnet. Die einzelnen Tarife sind durchweg nach dem Gesichtspunkte ihres Erhebungsortes aufgestellt. Dabei ist zu bemerken, daß Brückenzoll und Rheintorzoll meist in Verbindung miteinander auftreten, da beide sich gegenseitig ergänzen. Begreiflicherweise kommt die ältere Naturalabgabe für uns nicht mehr in Betracht, sie ist durch Geldabgabe ersetzt. Die Normierung ist schon vielseitig ausgebildet nach Gewicht, Maß, Anzahl und Transportmittel. Da die Tarife im großen und ganzen auf den Rodeln von 1397 beruhen und durchweg keine großen Veränderungen zeigen — ausgenommen die Zollhöhe, die natürlich immer Schwankungen unterworfen war, und die Anordnung der Waren, die im Laufe der Zeit strikter durchgeführt wurde —, werden wir vor allem die Rodel zu betrachten haben.

Stückzoll trägt im Rodel für Rheinzoll Vieh, wovon jede Gattung eine bestimmte Zollhöhe hat. So gibt z. B. ein Pferd 2 Pfennig, ein Rind, ein Schwein und zwei Kälber je 1 Pfennig, später sogar noch mit Wertveranlagung und wird ein Unterschied gemacht zwischen einem „faist" und einem „mager swinlin". Ebenso trägt Stückzoll der Stahl, Zwilch und Tücher, ferner Felle und teilweise Holzprodukte, z. B. 100 „iwene (eiben) Hölzer" geben 3 Pfennig. Wahrscheinlich haben wir es hier mit verarbeitetem Holz zu tun, hervorgegangen etwa aus der Werkstätte von Schreinern, Zimmerleuten, Wagnern usw. Später kommen noch Rebstecken und Latten hinzu, die zu 1000 resp. 100 verzollt werden. Die Dielen werden nach „veri" verzollt.

Der Gewichtszoll trifft vor allem Gewürze, Tier- und Pflanzenprodukte sowie Metalle; z. B. Safran, Ingwer, Pfeffer; Anken, Ziger, Schmalz, Unschlitt, Schmer, Fleisch, Wachs; Wolle; Erz, Kupfer, Blei und Eisen. Als Gewichtseinheit gilt der Zentner. Bei den beiden Normierungen nach Stück und Gewicht ist die Verzollung weitaus am bestimmtesten.

Teilweise noch ganz unbestimmte Quantitäten weist im Rodel der Maßzoll auf. Bohnen, Mandeln und Haberkerne werden verzollt nach dem Sack; Feigen und Meertrauben nach dem Korb; Salz nach der Scheibe; Bückinge nach Stroh, Mette und Harz nach Logel. Hierher zu rechnen ist auch die Tonne für Heringe, Anken und Harz; ebenso der Saum für Öl, Getreide, Honig und Stahl; Ballen für Hanf und Leder, Fardel für Papier und Tuch. Verhältnismäßig häufig ist die Normierung nach Faß — wohl wegen der Bequemlichkeit, es in den Schiffen zu transportieren —, so für Schleier, Birnen, Eier, Harnisch, Sicheln, Buchs, Kastanien und Kümmel. Die Frucht im allgemeinen wird nach Viertel verzollt, Haberkerne, Habermehl, Nüsse und Hirse nach Sester. Einige Male kommt auch Markzahl in Betracht, nämlich bei geringeren Sorten von Fellen, bei Flößen und wenn irgend ein Gegenstand die im Rodel bezeichnete Normierung nicht trifft. Auch doppelte Normierung für ein und denselben Gegenstand findet sich, z. B. Saum und Anzahl für Stahl; Zentner und Tonne für Anken; Sack und Viertel für Haberkerne; Tonne und Logel für Harz; Zahl und Fardel für Tuch. Für die Verzollung selbst scheint die Richtung gleichgültig gewesen zu sein. Fast die gleiche Veranlagung der Rhein=zollordnungen haben wir auch für das 16. Jahrhundert; erst von da ab hat sich dann die Normierung stark ver=einfacht; fast durchweg werden die Gegenstände verzollt nach dem Gewichte, und zwar nach dem Zentner, soweit es natürlich der Charakter der Gegenstände zuläßt. Früchte und Samen werden noch nach Viertel verzollt; Wein, Branntwein und Essig nach Saum, Papier nach Ballen, Oliven nach Logel, Schmalz und Honig nach Tonnen, Obst zum Teil nach Sester. Eigentümlich ist, daß z. B. Salz auf die verschiedenste Art verzollt werden kann: nach einem großen Faß, halben Faß, Scheibe, Viertel und Sester. Bei Vieh, Waffen, Holzprodukten und dergleichen Gegenständen bleibt die Normierung nach Anzahl. Wich=tiger als das ist jedoch, daß die Tarife des 17. Jahr=hunderts sich immer reicher entwickeln, daß eine bedeutende Anzahl neuer Waren aufgenommen ist, was auf die Ent=wicklung des Handels zurückzuführen ist; vor allem aber, daß die Verzollung sich mehr und mehr dem Werte der Gegenstände anpaßt. Es sei besonders auf die Erzeugnisse der Tuchindustrie hingewiesen, wo die einzelnen Tücher genau detailliert erscheinen, z. B. schlechte Tücher, lün=dische Tücher, Pariser, englische, Sammt= und andere kost=bare Tücher, rauher Barchet, gefärbter Barchet, reine, weiße Leinwand, grobe Leinwand, Zwilch, Drillich und rauhes Leintuch usw. Selbstverständlich richtete sich auch in früherer Zeit die Verzollung nach dem Warenwert; doch war dieser Gesichtspunkt, wenigstens innerhalb der einzelnen Warengattungen, noch nicht so strenge durchgeführt.

Was die Normierung der Tarife für Brücken- und Torzölle betrifft, so ist sie im allgemeinen die gleiche, soweit man diese Zölle überhaupt miteinander vergleichen kann.

Es spielt hier vor allem die Transportmittelveranlagung eine wichtige Rolle für Gegenstände, die auf andere Weise nur schwierig verzollt werden können. Es werden Eisen, Ziegel, Ziegelsteine, Schreibholz und abgesägte Klötze, Heu, Hausrat, Gemüse, Obst, Korn, Salz und hölzernes Geschirr nach Wagen und Karren verzollt. Auch kommt Verzollung nach Pferd und Esel vor für Gegenstände, die in Körben von diesen Tieren getragen werden. Ein häufig vorkommendes Maß ist das Fuder für Wein, Dielen, Kastanien, Buchs. Im übrigen ist die Normierung die gleiche wie beim Rheinzolltarif. Auch bei den Tarifen für Brücken- und Torzölle macht sich für die spätere Zeit eine reiche Entwicklung in der Tariftechnik geltend wie beim Rheinzoll. Landwirtschaftliche Produkte, Holzfabrikate, Erzeugnisse der Tuchindustrie und des Handwerks überhaupt, vor allem des Schreiner- und Sattlerhandwerks, dann die eigentlichen Handelsartikel im allgemeinen werden genau zerlegt. Durchaus die gleiche Normierung hat der Passierzoll, wofür wir jedoch keine eigenen Tarife besitzen; er findet sich zerstreut in den Tarifen für Brücken und Torzölle.

Was die Kaufhauszollordnung betrifft, so findet sich darin nichts Bemerkenswertes. In welcher Weise sie sich entwickelt hat, können wir nicht erkennen; da uns aus früherer Zeit keine überliefert ist und wir somit einzig und allein auf die vom Jahre 1584 angewiesen sind für den Kaufhauszoll. Der späten Zeit entsprechend, in die sie fällt, macht sich eine große Differenzierung der Waren geltend. Die Normierung ist auf Gewicht — Zentner — und Zahl beschränkt. Dieser Zoll besteht nur für die Fremden, nicht auch für die Heimischen[1].

§ 3.
Die Verzollung.

a) Rheinzoll.

Kam ein Schiff rheinab- oder aufwärts, so mußte es auf alle Fälle an der Zollstätte anlegen. Sofort hatte der Schiffszolleinnehmer zu erscheinen und die Waren des Schiffes zu besichtigen, und falls er irgend welchen Betrug argwöhnte, die Fässer, Kisten und Ballen zu durchstechen oder zu durchbohren und den Inhalt genau zu beschauen. Gegen Ende des 16. Jahrhunderts mußten die Schiffsleute einen Waghauszettel oder eine Bescheinigung von den Kaufleuten, denen die Gegenstände gehörten, über die ganze Schiffsladung mitbringen und dem Schiffszoller vorweisen; ohne einen solchen Schein durfte er die Schiffe nicht mehr passieren lassen. Auch durfte er den bloßen Worten der Schiffsleute keinen Glauben schenken, sondern mußte, im Falle daß kein Schein vorgewiesen werden konnte, die Waren abwägen und den Zoll nach dem Gewicht von jedem ein-

---

[1] Eine nähere Betrachtung über die verschiedenen Zollarten erübrigt sich, da ja hierüber die Tarife, die für jeden einzelnen Zoll vorhanden sind, genügend Aufschluß geben, um zu sehen, welche Zölle für uns in Betracht kommen. Über die Unterscheidung der Zölle im allgemeinen vgl. K. Th. von Inama-Sternegg, Deutsche Wirtschafts-Geschichte. 2. Aufl. (Leipzig 1909), II, 615 ff. Falke a. a. O., Einleitung, S. XIII und S. 128. R. Niggl, Der Zoll nach dem alten deutschen Recht und nach modernem Recht. Erlanger Dissert. 1897. Vogel a. a. O. S. 48, Anm. 2 u. 3.

zelnen Gegenstand abfordern. Den Ertrag hatte er samt dem Waghauszettel und der Bescheinigung vierteljährlich abzuliefern. Entdeckte der Zoller einen Betrug, so mußte er das Schiff aufhalten und durfte es nicht früher weiterfahren lassen, als bis der Betrug nach dem Urteil des Rates gebührend gesühnt war. Dem Zoller war untersagt, durch andere Personen den Zoll einziehen zu lassen. War er krank, so konnte der Bürgermeister oder die Lohnherrn jemand dazu beauftragen.

Nach der österreichischen Zollaufrichtung sollte, wie schon oben[1] dargelegt, der Herrschaftszoller bei der Besichtigung der Waren den Vortritt haben vor dem Stadtzoller, was allerdings nicht immer durchgeführt wurde und daher zu häufigen Streitigkeiten zwischen beiden Zollern führte. Anderseits sollten aber die Schiffsleute nicht lange aufgehalten werden an der Zollstätte; daher verlangte Breisach zu Anfang des 17. Jahrhunderts jeweils einen doppelten Schein über die Gegenstände des betreffenden Schiffes, damit jedem Zoller zu gleicher Zeit ein solcher überreicht werden konnte und die Besichtigung der Waren und somit die Verzollung überhaupt rascher vonstatten ging.

b) Brücken- und Torzölle.

Von allen Zöllen hat der Brückenzoll den Gebührencharakter am reinsten bewahrt. Ihn können wir durchweg betrachten als ein Entgelt für die Benützung der Brücke, zu deren Erhaltung vor allem die Zölle dienten, ein Grund, den Breisach allerdings auch stets anführte, wenn es galt, etwaige Beschwerden anderer Städte wegen Erhöhung des Rheinzolls abzuwehren. Der Brückenzoll mußte von allem, was über die Brücke herüber oder hinüber kam, entrichtet werden, sei es von Menschen, Tieren

---

[1] Erster Abschnitt. 2. Kapitel.

oder Waren. Befreit war nur das kaiserliche Hofgesinde, wenn es auf besondern Befehl oder in des Kaisers Geschäften über die Brücke ging. Der Zoll wurde erhoben an der Brücke oder unter dem Rheintor, da ja die Brücke nach dem Rheintor hinführte, und zwar von den Rheintorzollern[1]. Brückenzoll und Rheintorzoll ergänzten sich gegenseitig, so daß jeweils nur der eine davon zu entrichten war. Beide treten auch immer gemeinsam in den Tarifen auf.

Schon beim Brückenzoll des Robels von 1397 wird bei einigen Waren unterschieden, ob ein Bürger oder ein Fremder der Eigentümer ist. Führte z. B. ein Breisacher ein „burdi" Pflugeisen aus der Stadt über die Brücke, so bezahlte er zwei Angster, ein Fremder dagegen noch den Karren- oder Wagenzoll. Ebenso spielte bei manchen Gegenständen eine Rolle, ob sie herein- oder hinausgeführt wurden. Wir haben also einen Unterschied zwischen Ein- und Ausfuhrzoll. Von einem Faß Brot, das in die Stadt geführt wurde, bezahlte man zwei Angster; von einem Faß Brot, das über die Brücke kam, aber nicht in die Stadt geführt wurde, dagegen sechs Angster. Eine Tonne Heringe in die Stadt zollte drei Pfennig, hinaus sechs Angster. Ein Karren Birnen gab hinaus sechs Pfennig, hinein vier Pfennig. Vor allem gehören hierher die Lebensmittel, die man womöglich in der Stadt behalten wollte und die man daher mit einem geringen Einfuhrzoll, dagegen mit einem größeren Ausfuhrzoll belegte. Hier haben wir also eine gewisse Zollpolitik zu sehen.

Die Tendenz, die Ausfuhr schwerer zu belasten als die Einfuhr, tritt im 16. und 17. Jahrhundert noch deutlicher hervor, so namentlich bei Fischen aller Art, bei Tüchern und Fellen; ferner bei Obst, Erbsen, Gemüse, Senfsamen, Hirse, Haberkernen und Habermehl, Öl, Honig,

---

[1] Der Name „brugkzoller" tritt nie auf, wie z. B. in Basel. Es hatten wohl die Rheintorzoller den Brückenzoll einzuziehen.

Zinn, Blei und Glätte. Genau geregelt war der Zoll für die Weinfuhren aus dem Elsaß nach dem Breisgau oder umgekehrt. Wein, der von auswärts kam und innerhalb der Bannmeile abgeladen wurde, trug nur geringen Zoll. Für einen Wagen Wein aus dem Elsaß nach Breisach zollte man nicht mehr als für den leeren Wagen, nämlich 18 Rappen.

Auch Korn, das von auswärts kam, aber den Breisachern zu eigen gehörte, gab nur den Wagen= resp. Karrenzoll. Frucht, die den Breisachern außerhalb des Stadtgebietes wuchs oder ihnen als Zins gebracht wurde, war sogar ganz zollfrei. Dagegen hatte fremde Frucht einen verhältnismäßig hohen Zoll, auch wenn sie in die Stadt gebracht wurde. Ob man hier wohl eine Art Schutzzoll zu erblicken hat? Zollfrei waren auch Fische, Hühner und Gänse, sofern sie nicht auf Mehrschatz gekauft, sondern zum eigenen Haushalt gebraucht wurden, was jeweils dem Zoller unter Eid versichert werden mußte.

Was die Verzollung selbst betrifft, so besichtigte bei Ankunft eines Zollpflichtigen der Zoller dessen Gut. War es zollpflichtig, so mußte er den Zoll angesichts des Pflichtigen in die Büchse werfen. Die Zölle, die unter den Toren erhoben wurden, waren durchweg Passierzölle, vor allem berechnet nach den Transportmitteln, so Wagen, Karren, Pferden und Eseln, aber auch nach Zentnern und Zahl. Die Fremden mußten von ihren Waren, die sie nach Breisach führten und dort feilhielten, unter den Toren den Wagen= und Karrenzoll und in dem Kaufhaus den Pfundzoll geben, nämlich von jedem eingenommenen Gulden einen Kreuzer. Kamen sie dann wieder zurück, so mußten sie von dem Kaufhauszoller ein Wahrzeichen über den entrichteten Pfundzoll mitbringen und hatten alsdann nur noch den Wagen= und Karrenzoll zu entrichten.

Ein besonderes Brückengeld hatten die Juden zu bezahlen. Diese Abgabe ist jedoch nicht auffallend, da sie auch in andern Städten erhoben wurde.

c) Kaufhauszoll und Marktzoll.

Hierher zu rechnen ist der Pfundzoll. Von allen Waren, die in der Stadt verkauft resp. gekauft wurden, mußte er entrichtet werden, und zwar vom Gulden ein Kreuzer. Davon befreit waren nur die Bürger[1]. Der Erhebungsort dafür war das Kaufhaus. Es war dem Zoller untersagt, den Pfundzoll auf den Gassen zu empfangen[2].

Mit dem Pfundzoll war meistens das Hausgeld verbunden, wahrscheinlich eine Gebühr für das Aufbewahren der Gegenstände im Kaufhaus, also kein eigentlicher Zoll. Es war nicht gestattet, die Waren bei einem Bürger abzuladen und dort aufzubewahren[3]. Das Hausgeld richtete sich ebenfalls, wie der Zoll, nach dem Werte der Waren und wurde fast ausnahmslos von allen Gegenständen erhoben.

Eine ähnliche Abgabe war das Standgeld, das an Wochen- und Jahrmärkten[4] besonders von Krämern zu

---

[1] Kaufhauszollordnung.   [2] Eibbuch.
[3] Kaufhauszollordnung.
[4] Breisach hatte drei Jahrmärkte. Der älteste davon war der am Kreuztag. Wann er jedoch verliehen wurde, können wir nicht mehr entscheiden, jedenfalls vor dem Jahre 1493, denn in einer Urkunde Kaiser Maximilians vom Jahre 1493 ist von einem bereits üblichen Jahrmarkte auf den heiligen Kreuztag die Rede. In dieser Urkunde verleiht Maximilian der Stadt Breisach einen weiteren Jahrmarkt auf Simon und Judä (28. Oktober) mit allen Zöllen, Strafen und sonstigen Gefällen. Den dritten Jahrmarkt zu halten, verleiht Kaiser Karl V. am 18. Mai 1521 und zwar auf den Tag nach der Reliquienausstellung der heil. Gervasius und Protasius (21. Juni). Vgl. Poinsignon, Mitteil. 11, 27; 30 und ZGOrh. 34, 82.

entrichten war. Doch mußten es auch Gewerbetreibende, die an solchen Tagen auf dem Markt einen Stand aufschlugen, bezahlen, z. B. vom Nahrungsmittelgewerbe die Bäcker. Man konnte sich auch für längere Zeit das Recht erwerben, ohne weiteres seine Waren im Kaufhaus aufbewahren zu dürfen, gegen Erlegung einer bestimmten Summe, z. B. bezahlten die Krämer Anton Ackermann, Franz Duffermann und Peter Erb für das Jahr 1594 je 16 Kronen. In gleicher Weise konnte man sich für ein ganzes Jahr einen Stand erkaufen, z. B. Jakob Schaub für das Jahr 1604 gegen Bezahlung von vier Gulden und Michael Groß für 1605 um die gleiche Summe.

§ 4.
Zollhöhe und Zolleinnahmen.

I. Zollhöhe.

a) Rheinzoll.

Die Höhe des Rheinzolls nach dem Rodel von 1397 zeigt verhältnismäßig erhebliche Unterschiede. Da jedoch die Normierung so überaus mannigfaltig ist, läßt sich die Grenze, worin er sich bewegt, nicht gut angeben; d. h. man würde doch kein richtiges Bild von der eigentlichen Zollhöhe bekommen, so daß die Gegenstände insgesamt aufgezählt werden müssen. Für ein Sester Hirse, Habermehl und Haberkernen betrug der Zoll 1 Stebler; für 1 Zentner Blei, ein Burde Eisen, eine Scheibe Salz, ein Stück Zwilch, ein Leinentuch, zwei Kälber, ein Rind und ein Schwein je 1 Pfennig. Ein Viertel Korn, ein Zentner Anken, Schmalz, Unschlitt, Schmer, Fleisch, ein Zuber Eier und ein Pferd zollten 2 Pfennig. Ein Zentner Erz und Kupfer, ein Sack Mandeln, ein Korb Feigen, ein Zentner Wolle und 100 eibene Hölzer zollten

3 Pfennig. Vier Pfennig wurden verlangt für ein Faß dürre Birnen, ein Logel Harz, ein Faß Eier, einen Sack Bohnen, einen Zentner Stahl und eine Tonne Heringe. Ein Burdi Leder, 100 Felle und ein Faß Kümmel zollten 6 Pfennig; ein Faß Sicheln 8 Pfennig; ein Fardel Papier, ein Zentner Pfeffer, ein Saum Öl, ein Faß Harnisch, ein Faß Kastanien und ein Faß Messer 1 Schilling; ein Faß Schleier und Buchs, ein Zentner Ingwer und ein Ballen Hanf $1^{1}/_{2}$ Schilling; ein Fardel Schürze und ein Ballen Leder 2 Schilling und ein Zentner Safran 4 Schillinge. Welchen Veränderungen dieser Zoll im Laufe des 15. und Anfang des 16. Jahrhunderts ausgesetzt war, entzieht sich unserer Kenntnis. Tatsache ist, daß der Tarif von 1539 eine starke Erhöhung aufweist gegenüber der eben dargelegten Zollhöhe; noch mehr jedoch der Tarif von 1586. Im Tarif von 1539 sind nur wenig Waren gleichgeblieben in der Höhe; die meisten sind um das zwei= bis dreifache gestiegen. Fast um dasselbe ging auch der Zoll des Tarifes von 1586 gegenüber dem von 1539 in die Höhe. Wir haben schon darauf hingewiesen, daß die Zerstörung der Brücke im Jahre 1561 wahrscheinlich einer der Hauptgründe zu dieser gewaltigen Steigerung war.

b) Brückenzoll resp. Rheintorzoll.

Die Höhe des Brückenzolles ist mehr oder weniger von der des Rheinzolles verschieden. Doch können wir sagen, daß er im allgemeinen etwas niedriger ist als der Rheinzoll. Einige Gegenstände sind in der Verzollung gleich hoch veranschlagt. Ein Schaf und ein Viertel Rüben zollten 1 Stebler; ein Fußgänger, ein Roß, ein Rind, ein fettes Schwein und ein Viertel Nüsse 1 Angster. Eine Rindshaut und ein Viertel dürre Birnen gaben 1 Pfennig Zoll; ein Reiter, ein Burdi Pflugeisen, hundert

Sicheln und ein Viertel Salz 2 Angster; ein leerer Karren, ein Viertel Muß 3 Angster; ein Zentner Wolle und Garn 4 Angster; eine Scheibe Salz, ein Karren Brot, ein weißes oder graues Tuch, ein Stück Zwilch, ein Stück Webtuch, ein Freiburger Tuch, ein Bett, ein Zentner Blei, ein Panzer und ein Zentner Glätte für die Hafner 2 Pfennig. Für eine Tonne Heringe, einen Zentner Anken und Fleisch, einen Sack Käse, ein Fäßlein Eisen, einen Karren Heu und ein Roß oder einen Esel mit zwei Körben betrug der Zoll 3 Pfennig. Ein Faß Brot und ein Zentner Wachs zollten 6 Angster; ein Wagen Korn im Stroh und ein Fuder Wein 8 Angster; hundert Ziegen-, Schaf- und Kalbsfelle, ein Logel Fische, ein Karren Buchs, Zwiebeln, Knoblauch, Kraut und Petersilien, ein Zentner Erz und Kupfer 6 Pfennig; ein Zentner Schmalz, Schmer und Unschlitt, ein Sack Hirse und Hafermehl, ein Viertel Senffamen, ein Karren aus dem Herbst, ein Zentner Pech, Schwefel und Seife, ein Sack Bohnen, ein Fardel Papier und ein Karren Birnen oder ander Obst 4 Pfennig; ein Karren Kohl 5 Pfennig; ein Saum Honig und Öl und ein Faß Fisch 18 Angster; ein Zentner Messer und ein Wagen Heu 8 Pfennig; ein Wagen Ziegel, Ziegelsteine oder Kalk, ein Fuder Bretter, 100 Segesen, ein Wagen Prügelholz oder Klötze, ein Fuder Buchs und Hausrat, ein Schleifstein und ein Karren Kisten und Kübel 1 Schilling; ein Saum Gewänder, ein Fardel Schürzetuch und ein Mühlenstein 2 Schilling. Diese Zollhöhe galt aber nur bei Einfuhr für alle Gegenstände; der Ausfuhrzoll war bei einigen Waren höher[1].

Auch beim Brücken- und Rheintorzoll trat im Laufe der Zeit eine Erhöhung ein, die jedoch mit der des Rheinzolls nicht ganz gleichen Schritt hielt, wenigstens nicht bis zum Jahre 1539, in den darauffolgenden Jahrzehnten

---

[1] Vgl. § 3 dieses Kapitels.

aber ebenfalls rasch aufwärts ging; und im Tarif von 1625 war der Zoll durchschnittlich fünfmal höher als im Rodel von 1397.

c) Kupfer- und Grendeltorzoll.

Der Zoll für Kupfer- und Grendeltor war gleich; beide waren in den Tarifen auch immer zusammen behandelt. Im Vergleich mit dem Rheintorzoll hatte er für die Lebensmittel dieselbe Höhe; für die Kaufmannswaren war er in den meisten Fällen etwas niedriger als der Rheintorzoll. In den Tarifen von 1539 und 1586 macht sich in der Zollhöhe kein großer Unterschied geltend; dagegen ist im Tarif von 1643 eine Erhöhung eingetreten. Da die Gegenstände, die hier durchgeführt wurden, im großen und ganzen die gleichen sind wie beim Rheintor, so erübrigt sich die Aufzählung der Zollhöhe bei den einzelnen Waren, nachdem wir auf den allgemeinen Gesichtspunkt hingewiesen haben. Zu bemerken wäre vielleicht, daß auch hier die Tendenz hervortrat, bei einigen Gegenständen die Ausfuhr schwerer zu belasten als die Einfuhr, besonders bei Lebensmitteln, so bei Erbsen, Linsen, Bohnen, Senf, Habermuß, Hirse und Öl.

d) Kaufhauszoll.

Wie schon erwähnt, mußte man von allen auf dem Markt verkauften Waren den Pfundzoll geben, nämlich von jedem Gulden einen Kreuzer. Dazu war das Hausgeld resp. Standgeld zu entrichten, das aber keine großen Unterschiede zeigte. So hatte man für 1000 Nägel 1 Rappen Hausgeld zu geben; für einen Zentner Glätte oder Blei 2 Rappen; für einen Zentner Weinstein und 100 Sicheln, einen Zentner Wachs und 100 Felle 2 Pfennig; für einen Zentner Kupfer, Erz oder Zinn 4 Rappen; für einen Zentner

Glockenspeise 4 Pfennig. Auch ein Wägegeld wird erwähnt, doch nur für Weinstein und Wolle, wofür es, für jeden Zentner zu wägen, je 4 Pfennig betrug. Ob es nur bei diesen beiden Posten vorkam, muß dahingestellt bleiben.

Die Krämer oder andere Leute, die ihre Waren auf dem Markte an den Ständen feilboten, zahlten neben dem Pfundzoll das Standgeld, und zwar die Tuchleute an den Jahrmärkten 4 Schilling. Die Wollenweber bezahlten an Wochenmärkten 1 Schilling, an Jahrmärkten 3 Schilling; die Savoyer 2 resp. 4 Schilling; die Bäcker 1 resp. 2 Schilling; die Krämer insgesamt für beide Märkte 1 Schilling; die Eisenkrämer 2 Schilling 6 Pfennig, resp. 3 Schilling 4 Pfennig; die Wurzeln=, Gläser=, Schindelladen= und dergleichen Krämer 6 Pfennig resp. 1 Schilling; die Silberkrämer an Jahrmärkten 2 Schilling; die Mußleute 1 Schilling resp. 2 Schilling; die Käs= und Ankenleute 4 Pfennig resp. 2 Schilling; Rüben= und Birnenkarren 1 Schilling; ein Fürkäufer bezahlte 8 Pfennig, die Gärtner 1 Schilling 4 Pfennig resp. 2 Schilling; die Holzkrämer 1 Schilling resp. 2 Schilling.

II. Zolleinnahmen.

Da Zollregister und Einnahmebücher fehlen, so lassen sich die Zolleinnahmen in keiner Weise genügend übersehen. Vereinzelt besitzen wir zwar aus dem Jahre 1639 eine Zollrechnung für das erste Quartal, die uns die Einnahme für die angegebene Zeit genau angibt. Leider fällt eben die Rechnung in eine so verhältnismäßig späte Zeit.

Darnach war der Zollertrag folgendermaßen: Der Kaufhaus= oder Pfundzoll ergab 69 fl. 8 Batz. 9 kr., Brückenzoll 428 fl., Rheinzoll 1198 fl. 2 Batz., Kupfer=

torzoll 64 fl. 11 Batz. 6 kr. Das war also für ein Vierteljahr eine Summe von 1760 fl. 7 Batz. 5 kr. Dazu kamen noch an Weinungeld 243 fl. 13 Batz. Dabei ist aber zu berücksichtigen, daß die Rechnung mit diesen Angaben in eine schwere Kriegszeit fällt, so daß wir unter normalen Umständen sicher eine bedeutend höhere Summe ansetzen dürfen, wenn man bedenkt, wie in jenen Jahren Handel und Verkehr darniederlagen. Es tritt dabei deutlich zutage, welche Höhe der Rheinzoll gegenüber den andern Zöllen aufzuweisen hat, indem er ungefähr zwei Drittel der gesamten Zolleinnahmen ausmacht. Vergleichen wir auch den Rheinzoll Breisachs mit dem Rheinzoll anderer Orte, z. B. Bacharachs[1], so werden wir sehen, daß er verhältnismäßig nicht viel hinter diesem zurückstand. Zwar betrug der Bacharacher Zoll um das Jahr 1600 jährlich etwa 10000—12000 fl., dagegen nach dem Dreißigjährigen Krieg nur etwa die Hälfte, nämlich rund 5000 fl. in den Jahren 1650—1655.

Darnach war also in diesen Jahren der Breisacher Rheinzoll beinahe ebenso ertragreich wie der der mittelrheinischen Zollstätte Bacharach, obschon der Handel am Mittelrhein bedeutender war als am Oberrhein. Wir werden wohl annehmen dürfen, daß der Breisacher Rheinzoll in früheren Zeiten, unter normalen Verhältnissen, auch nicht viel geringer gewesen sein wird als zu Bacharach.

Auch die Bedeutung des Brückenzolls gegenüber den andern Torzöllen und auch gegenüber dem Kaufhauszoll tritt klar hervor. Zu welchen Bestimmungen außer zur Erhaltung und Ausbesserung der Rheinbrücke die Zolleinnahmen namentlich verwendet wurden, läßt sich infolge Fehlens der Quellen nicht angeben.

---

[1] H. Fliedner, Die Rheinzölle der Kurpfalz am Mittelrhein, in Bacharach und Kaub. Westdeutsche Zeitschrift. Ergänzungsheft 15, S. 96 f.

§ 5.

Überblick über die Handelsgegenstände[1].

Für die Ermittlung der Gegenstände des Handels dienen uns vor allem die Tarife. Wir dürfen jedoch nicht annehmen, daß nur solche Gegenstände auf dem Rhein befördert wurden, die in den Tarifen verzeichnet sind.

Der Verkehr nahm fast ausschließlich seinen Weg rheinabwärts, Bergfahrt kam weniger vor[2]. Für den Transport waren besonders die Straßburger und Frankfurter Messe wichtig, für den Personenverkehr die Wallfahrten nach Aachen und Einsiedeln. Die Hauptprodukte, die auf dem Rhein bei Breisach vorbeibefördert wurden, waren Früchte aus dem Oberland, Wein aus dem Elsaß, Holz aus der Gegend von Basel und Eisen aus der Umgebung von Badenweiler, wie aus den zahlreichen Gesuchen um Zollbefreiung hervorgeht. Namentlich das Holz wurde in den verschiedensten Arten versandt[3]; als Bauholz in großen Flößen, als Brennholz und auch als Kohle; ferner als Erzeugnisse einer blühenden Holzindustrie, als Latten,

---

[1] Über den Handel auf dem Rhein vgl. A. Schulte a. a. O. E. Gothein, Zur Geschichte der Rheinschiffahrt. Westdeutsche Zeitschrift 14. K. Straub, Oberrheinschiffahrt im Mittelalter S. 9 ff. K. Hummel, Die Mainzölle von Wertheim bis Mainz. Westdeutsche Zeitschrift 11, S. 330 ff.

[2] Wenn Schulte (a. a. O. S. 430) die Bergfahrt oberhalb Breisachs ganz ausschließt, so ist das nicht richtig. (Straub a. a. O. S. 11 Anm. 2) bemerkt, daß die Neuenburger mit kleinen Fahrzeugen auch rheinaufwärts auf den Markt nach Basel fuhren. Auch die Breisacher fuhren mit ihren Schiffen nach Neuenburg. Vgl. Breif. Arch., Zollakten: Verhältnis zu Neuenburg. Ebenso kam es vor, daß die Basler, wenn sie z. B. auf die Straßburger Messe kamen, von dort Waren mit nach Basel zurückbrachten; vor allem führten sie Getreide rheinaufwärts.

[3] Brendle, Der Holzhandel im alten Basel.

Rebstecken, Dielen, Flecklinge, Faßdauben und neue Fässer, als Tännlin und Waiblin. Von Früchten wird im Rodel von 1397 Korn, Hirse und Haber erwähnt und die verschiedenen Hülsefrüchte. Zahlreich vertreten sind die Pflanzenprodukte: Feigen, Meertrauben, Pfeffer, Safran, Ingwer, Obst, Kastanien, Mandeln und Kümmel. Ebenso Tiere und tierische Produkte; Pferde, Schweine, Rinder und Kälber; Fleisch, Schmalz, Unschlitt, Schmer, Leder, Felle, Wolle, Wachs und Eier. Auch der Handel an Metallen war nicht gering; von solchen sind erwähnt: Eisen, Stahl, Blei, Kupfer und Zinn; Sicheln und Sensen, Messer und Harnische. Außerdem Tuche, Gewand, Schleier, Mühlsteine, Schleifsteine und Weinstein.

Wenn wir damit die Gegenstände, die in den Tarifen des 16. Jahrhunderts aufgeführt sind, vergleichen, so können wir erkennen, daß der Handel sich nicht bedeutend verändert hat. Auf den ersten Blick könnte es vielleicht den Anschein erwecken, als ob sich die Waren stark vermehrt hätten; dies ist jedoch nicht der Fall, im Grunde sind es noch fast die gleichen, sie sind nur besser spezialisiert nach ihrem Werte. Eher könnte man in der zweiten Hälfte des 17. Jahrhunderts von einer Vermehrung der Handelsprodukte reden, wie aus dem Rheinzolltarif von 1660 hervorgeht.

Im großen und ganzen sind das auch die Waren, die dem Brücken= und Torzoll unterworfen waren. Was die Gegenstände, die auf den Markt kommen, betrifft, so ist zu bemerken, daß hier die gewerblichen Produkte mehr zur Geltung kommen als auf dem Rhein, wenn solche natürlich auch dort nicht fehlen. Für einen intensiven Handel auf dem Markt resp. im Kaufhause läßt sich aus unsern Quellen nicht viel entnehmen. Wenn wir aus der Kaufhauszolleinnahme vom ersten Quartal des Jahres 1639 einen Schluß auf den Handel selbst ziehen dürfen, so scheint er, wenigstens damals, nicht allzu lebhaft betrieben worden zu sein[1].

Als Gegenstände, die auf dem Markt zum Verkauf gelangten, finden sich nach dem Tarif von 1584 außer den oben erwähnten gewerblichen Produkten, für deren Vorhandensein namentlich die Krämer sorgten, seien es Eisenkrämer, Silber= und Holzkrämer, Savoier oder Wurzel=, Gläser= und Schindelladenkrämer, vor allem auch Lebensmittel. Auch Rohmaterialien, namentlich Erze und Metalle, kamen als Handelsprodukte auf den Markt, desgleichen lebendes Vieh, wie Pferde, Rinder und Schweine.

Zweites Kapitel.
Zollbefreiungen.

Wir haben zu unterscheiden zwischen dauernden und vorübergehenden Befreiungen; dauernd, auf Grund irgend eines Privilegs, vorübergehend, auf Grund eines Gesuches an den Rat für jeden einzelnen Fall, dann meist „aus guter Nachbarschaft", aber ohne „Schaden der eigenen Privilegien" erteilt.

§ 1.
Dauernde Befreiung.

Dauernde Befreiung genossen vor allem die Bürger selbst, wenigstens vom Rheinzoll und vom Pfundzoll. Nicht ganz klar ist, wie es sich mit den Torzöllen verhielt. In einigen Fällen wird zwar ausdrücklich gesagt, daß der Torzoll auch von den Bürgern entrichtet werden muß. So z. B. lautet eine Bestimmung in den Tarifen des 16. Jahrhunderts: „Was für frücht die unsern oder die fremden hinausführen oder tragen,

---

[1] Vgl. den vorhergehenden Paragraphen.

Zweites Kapitel. Zollbefreiungen.

sollen sie verzollen." Desgleichen bei Wolle, Werg oder Garn. Darnach hatten sie also für gewisse Gegenstände einen Ausfuhrzoll zu entrichten. Sonst ist aber von einem Torzoll, vor allem von einem Einfuhrzoll für die Bürger, nirgends die Rede.

Ferner war dauernd zollfrei das kaiserliche Hofgesinde, wenn es auf besondern Befehl des Kaisers oder in dessen Angelegenheiten reiste; aber nur bei genügender Beglaubigung vor dem Zoller[1]. Und zwar handelt es sich hier um Brückenzoll.

Sonst war es im allgemeinen üblich, Geistliche, Pilger und Ritter mit ihrem Gesinde zollfrei passieren zu lassen, doch nur für ihre Person und was sie zum eigenen Gebrauch mit sich führten[2]. Wir werden sehen, daß eine verhältnismäßig große Anzahl geistlicher und weltlicher Korporationen und Personen vom Brückenzoll-resp. Rheintorzoll befreit war, sei es infolge ihrer Stellung zum Kaiser, sei es durch irgend welche Abmachungen und Verträge mit Breisach. Dauernde Zollfreiheit genossen

a) Geistliche.

Der Abt zu St. Trudbert und sein Konvent mit allem, was dem Gotteshaus gehörte. Prior und Konvent zu Murbach, da sie das erste Joch an der Brücke geschlagen haben. Der Prior zu St. Veltin zu Rufach und was dem Gotteshaus gehörte.

b) Weltliche.

Darunter fallen vor allem die Mitglieder der Regierung zu Ensisheim, der Landvogt und der Kanzler; ferner die kaiserlichen Kammerräte, die Mitglieder der Regimentskanzlei und Kammerkanzlei, die Registratoren und Schreiber

---

[1] Breis. Arch. Urk. Nr. 157.
[2] Falke a. a. O. S. 122.

jener Behörden, die Hofverwandten, die Marschälle bei der Regierung und Kammer, die reitenden Boten, Boten, die das Geleit geben, und der Postbote oder sein Knecht. Ritt dagegen sonst jemand mit, so mußten diese zollen, wenn sie nicht selbst zollfrei waren[1].

Zollfrei waren ferner viele benachbarte Ritter und Herren, z. B. der Herr von Rappoltstein; der Herr von Staufen und seine Diener; die Grafen von Tübingen mit allem, was zu ihrem Schloß Limburg gehörte; Nikolaus Lösch von Müllheim[2]; Lazarus von Schwendi; die Witwe des Hans Ulrich von Hohenstein mit ihrem Eigentum; Hans Balthasar von Baden; Hans Heinrich von Flachsland; die Witwe des Hans Friedrich von Landseck oder ihr Kind; Hans Heinrich von Landseck; Jakob Sigmund von Reinach; Hans Jakob von Rust; Ruprecht Stör von Bergheim; Hans Jakob Truchseß von Wolhausen; Hans Rudolf von Schönau; Hans Christoph von Wessenberg; Hans Kaspar und Hans Friedrich von Ampringen; Jakob von Bollschweil; Jakob von Landsberg; Adolf von Roggenbach; Hans Jakob Mosung von Schaffholzheim; schließlich auch der Johannitermeister zu Heitersheim und sein Hofgesinde mit allem, was für ihn durchgeführt wurde.

c) Städte.

Von Städten genossen Zollfreiheit: Hagenau, Kaisersberg und Neuenburg für ihre Bürger und ihre Waren, die sie durch Breisach führen ließen[3].

---

[1] In einem Zollbuch vom Jahre 1586 befindet sich ein Verzeichnis mit der Überschrift: „Welche Personen die Zoller unter dem Rheintor zollfrei passieren sollen lassen, bis auf eines ehrsamen Rats weiteren Beschluß."

[2] Er bezahlte dafür jährlich auf Dreikönig 2 Kronen.

[3] Im Eidbuch werden auch noch die Bürger von Rheinau als zollfrei erwähnt. Umgekehrt waren die Bürger von Breisach in den vier genannten Städten mit ihrem Gute zollfrei.

Auffallend sind die vielen Mitglieder der Regierung, die in dem genannten Verzeichnis Erwähnung finden und als solche zollfrei waren. Aber auch die Ritter und Freiherrn stellten einen großen Prozentsatz der Befreiten, während geistliche Körperschaften und Personen und ganz besonders Städte in verhältnismäßig geringer Anzahl vertreten sind. Nicht einmal das nahe Freiburg besaß Zollfreiheit in Breisach, trotz der sonst zahlreichen Beziehungen zwischen beiden Städten[1].

Eine größere Zahl der Befreiten bilden die Geistlichen im 17. Jahrhundert[2], wogegen die Mitglieder der Regierung nicht mehr erwähnt sind, da eben Breisach damals schon französisch war. In dieser Zeit befanden sich unter den Zollbefreiten:

α) Geistliche.

Der Prälat von St. Trudbert; die Jesuiten zu Freiburg; das Augustinerkloster zu Breisach; ebenso das dortige Franziskanerkloster; das Kloster zu Murbach; ferner das ganze Breisachische Kapitel mit dem Dekan zu Munzingen; den Pfarrern zu Umkirch, Krozingen, Kirchhofen, Biengen, Schlatt, Tunsel, Eschbach, Feldkirch, Niederrimsingen, Wasenweiler und Staufen.

β) Weltliche.

Der Freiherr von Staufen; Herr Obrist von Wessenberg und dessen Amtmann zu Feldkirch; Herr von Falkenstein zu Oberrimsingen; die Frau Generalin von Mercy; der Junker von Roggenbach; Junker Hans Adam zu Mun-

---

[1] Vogel a. a. O. S. 26 f. Auch die Ballierer von Freiburg und Waldkirch scheinen trotz ihrer Privilegien in Breisach nicht zollfrei gewesen zu sein wie in Freiburg. Vogel S. 90. Über die Ballierezunft von Freiburg vgl. Gothein, Wirtschaftsgeschichte des Schwarzwaldes I, 566 ff.

[2] Nach einem Verzeichnis aus dem Jahre 1666.

zingen; Junker Fritz von Kageneck; Georg Friedrich von Andlau; Junker Truchseß zu Orschweier und die Johanniter zu Heitersheim. Von den Städten ist nur noch Kaisersberg genannt.

Vom Rheinzoll war außerdem befreit der Markgraf von Baden; doch beruhte diese Freiheit nicht auf einem Privileg, sondern war gewohnheitsrechtlich. Er mußte für jeden einzelnen Fall um Befreiung nachsuchen, die ihm dann für Gegenstände zu seiner Hofhaltung stets gewährt wurde.

§ 2.

Vorübergehende Befreiungen.

Für vorübergehende, meist einmalige Befreiungen, liegt für das 16. und namentlich für das 17. Jahrhundert eine große Anzahl von Gesuchen vor, wobei allerdings nicht immer zu ersehen ist, ob dem betreffenden Gesuche vom Rate auch stattgegeben wurde. Weitaus am meisten vertreten ist darunter der Markgraf von Baden, so daß wir, wie schon oben erwähnt, bei ihm von einer gewohnheitsrechtlichen Befreiung sprechen konnten. In zweiter Linie stellte dann der Adel häufig die Bitte um Zollbefreiung, und schließlich auch die Städte. Die Befreiungen trafen fast durchweg den Transitzoll auf dem Rhein, in weit geringerer Anzahl den Brückenzoll. Sie galten aber nur für den Eigenbedarf. Interessant ist zu sehen, für welche Gegenstände oder Produkte man hauptsächlich um Nachlassung des Zolls oder wenigstens eines Teils davon bat. Weitaus der größte Teil der Gesuche entfällt auf die verschiedenen Arten von Früchten, nämlich etwa 20% aller zur Beförderung gelangten Waren. In zweiter Linie ist Wein vertreten mit etwa 12%, dann Eisen mit 10%, Lebensmittel ebenfalls mit 10%, Hausrat mit dem auffallend hohen Bruchteil von 8%, Holz mit 4%, Kriegsgeräte und Rüstungen mit etwa 3%. Natürlich kann die Berechnung nur auf ungefähre Genauigkeit Anspruch machen, da ja nicht sicher ist, ob nicht ein großer Teil solcher Gesuche um Zollbefreiung verloren ging. Die übrigen Gesuche verteilen sich auf Vieh, besonders Schweine, Bücher und Studentengut[1], Steine, Fässer und Faßdauben, Kacheln und anderes Hafnergeschirr, Wolle, Papier, Gips, Glocken und einen Altar, der von Freiburg nach dem Kloster zu Murbach kam.

Über die Höhe des Ausfalles an Zolleinnahmen, den die Kasse durch die Befreiungen erlitt, läßt sich nichts Bestimmtes sagen, da ja aus den Gesuchen selbst nicht immer zu ersehen ist, ob sie auch genehmigt wurden, was zwar bei den meisten der Fall war.

Drittes Kapitel.

Zollbeschwerden.

Trotz der Privilegien, auf denen Breisachs Zollrechte beruhten, nach denen es vor allem die Zölle erhöhen und erniedrigen konnte, wie es die Lage der Stadt verlangte, wurde doch häufig von allen Seiten Beschwerde erhoben, sei es wegen wirklicher oder auch nur angeblicher Zollerhöhung, sei es, weil der Zoll verlangt wurde von einer Stadt, einer Körperschaft oder Person, die sich selbst berechtigter- oder auch oft unberechtigterweise Zollfreiheit zuschrieb. Die meisten derartigen Klagen liefen ein von Basel, besonders von der dortigen Schifferzunft. Sie stellen geradezu einen großen Teil der Geschichte des Zollverhältnisses zwischen Basel und Breisach dar[2]. Wollten

---

[1] Für Studenten der Freiburger Universität.
[2] Vgl. Abschnitt I; ebenso über das Verhältnis mit Neuenburg und mit den Grafen von Tübingen, den Besitzern des Schlosses Limburg.

die Basler den Breisachern anfangs überhaupt ein Zoll=
recht absprechen, so führten sie, da ihnen das nicht ge=
lang, später beständig Beschwerde gegen die Höhe der
Zölle, allerdings wieder ohne Erfolg.

Auch die Herren Burkhard und Wilhelm von Staufen
glaubten in ihren Rechten geschmälert worden zu sein,
als Breisach von ihnen im Jahre 1467 einen Brücken=
zoll verlangte, indem sie vorgaben, daß „denselben
zoll si noch ire vordern zu geben nit schuldig,
sunder des je und je frei gewesen weren". Da
sie jedoch ihre angebliche Zollfreiheit nicht genügend be=
weisen konnten, wurden sie doch zu zollen gezwungen[1].

Ebenso weigerte sich Wilhelm von Rappoltstein, für
die rappoltsteinischen Räte, Amtleute und Bediente, sowie
für die Transportierung der Zehntfrüchte, den Zoll zu
entrichten. Seiner Beschwerde wurde in der Weise nach=
gegeben, daß nach dem Vertrage von 1509 die Herren
von Rappoltstein, „wenn sie in des landsfürsten
oder irer eigenen geschäften" zu Breisach über
den Rhein reiten, fahren oder gehen, keinen Zoll zu geben
schuldig seien. In gleicher Weise waren ihre Zehntfrüchte
zollfrei[2].

Besonders zahlreich liefen die Beschwerden ein im
16. und 17. Jahrhundert. Im Jahre 1537 wandte sich
die Ritterschaft der ganzen Gegend an die Regierung zu
Ensisheim mit der Klage, daß sie durch einige Städte,
unter anderem auch durch Breisach, mit neuen Steuern

---

[1] Urkunde im Breis. Arch. Nr. 125a. Erst im 16. Jahrhundert
erhielten die Herren von Staufen Zollfreiheit zu Breisach.

[2] Breis. Arch., Zollsachen. — Zwar hatte Kaiser Maximilian im
Jahre 1495 bestimmt, „daß du (Herr von Rappoltstein) von korn,
holz und anderm die zöll über die bruggen bi Breysach als andere,
die daselbs das fueren, gebest und si (die Breisacher) bi iren zöllen,
lut irer freiheit gehandhabt, geschützt und geschirmt werden". Breis.
Arch., Zollsachen.

Drittes Kapitel. Zollbeschwerden.

und Zöllen belastet worden seien, worauf Kaiser Ferdinand einschritt und den betreffenden Städten „solche Gewalttaten an der Ritterschaft abzustellen" gebot[1].

Auch Kolmar, dessen Zollverhältnis zu Breisach sonst als ein gutes bezeichnet werden kann, fühlte sich 1535 als ungerecht behandelt, indem seine Gärtner an Wochen- und Jahrmärkten zu Breisach, entgegen dem alten Herkommen, wie sie meinten, den Pfundzoll entrichten mußten. Den gleichen Vorwurf erhob aber auch Breisach der Stadt Kolmar gegenüber, weil Breisacher Wirte von ihrem Wein, den sie in Kolmar kauften, dort ebenfalls den Pfundzoll geben mußten. Doch scheint die Angelegenheit nicht oder wenigstens nicht genügend geregelt worden zu sein, denn 1557 erschien Kolmar mit derselben Klage wie 1535. Breisach bestand auf seinem Recht und erhob auch fernerhin den Pfundzoll von Kolmar[2]. Ungefähr ein Jahrzehnt später, um 1570, begannen auch die Bergwerke im Lebertal und Weilertal[3] und Schwarzwald[4], Einspruch gegen den Brückenzoll zu Breisach zu erheben, da sie doch für die zum täglichen Gebrauch nötigen Gegenstände zollfrei seien. Breisach reagierte aber nicht darauf, bis Erzherzog Ferdinand 1580 bestimmte, daß die genannten Bergwerke keinen Brückenzoll zu bezahlen hätten von solchen Gegenständen, die sie zum notwendigen Gebrauch und Unterhaltung der Bergwerke in Breisach durchführten. Darunter sollten fallen: geschmolzenes Zeug, Blei, Glätte, Eisen und Unschlitt; auch Ärzte die zu Unglücksfällen dahin gerufen werden, sollten vom Zoll befreit sein.

---

[1] Es waren namentlich Städte des Breisgaus und oberen Elsasses. Breis. Arch., Zollsachen.
[2] Stadtarchiv Kolmar XIII, 15a.   [3] Im Elsaß.
[4] Genannt sind keine Namen; vielleicht sind die Eisenbergwerke bei Badenweiler gemeint.

So könnten die Beispiele beliebig vermehrt werden, um nur noch eine Beschwerde des Hans Wilhelm von Schwendi zu erwähnen, der trotz seiner österreichischen Privilegien zu Breisach zollen mußte. Er konnte sich wenigstens zu einem bestimmten jährlichen Satzgeld mit Breisach vereinbaren.

Zahlreicher als im 16. Jahrhundert waren die Beschwerden jedoch im 17. Jahrhundert. Hier können wir auch an einem Fall erkennen, daß Breisach seinerseits oft ebenso wenig die Privilegien anderer respektierte, wie dies umgekehrt der Fall war. Wir haben gesehen, daß unter die zu Breisach zollfreien Städte Kaisersberg gehörte. Dennoch beklagten sich seine Bürger, einige Male zu Breisach Zoll bezahlt haben zu müssen, was auch bei einzelnen Personen, die sonst zollfrei waren, vorkam, z. B. beim Dekan von Munzingen.

Ein äußerst strittiger Punkt war der Zoll zu Biesheim. Im 16. Jahrhundert hatte der Ort einen eigenen Zoller, vom Rat zu Breisach ernannt, der aber nach und nach abging, so daß wir im 17. Jahrhundert überhaupt keinen Zoller mehr für Biesheim finden. Mit dem Zolleinziehen wurden nun die Bauern und Wirte beauftragt, die gerade an der Straße wohnten und somit das Geschäft leicht versehen konnten. Da kam es vor, daß diese Leute manchmal von den Zollpflichtigen überhaupt kein Geld annahmen, sondern sich zum Haushalt nötige Gegenstände, wie Nahrungsmittel, und die Wirte von den Glasträgern Gläser für ihre Wirtschaft geben ließen. Als dann Breisach solche Mißstände zu beseitigen anfing, faßte man dies von seiten der Zollpflichtigen als Neuerung auf und glaubte somit wieder einen Grund zu haben, gegen Breisachs Zollrechte überhaupt zu protestieren[1].

---

[1] Breis. Arch., Zollbeschwerden.

Viertes Kapitel.
Zollhinterziehung und ihre Bestrafung[1].

a) Auf dem Rhein.

Obgleich den Zollern aufs strengste anbefohlen war, die Waren auf den bei der Zollstätte angelangten Schiffen genau und ins einzelne zu untersuchen, so kam es doch häufig vor, daß ihnen manches entging und somit unverzollt blieb. Dies hatte seinen Grund teils darin, daß der Zoller entweder seine Pflicht nicht richtig erfüllte oder, worin gewöhnlich die Ursache lag, daß die Schiffsleute ihre Waren, die sie schmuggeln wollten, in einer Weise unter den andern Gegenständen versteckten, daß sie vom Zoller bei der Untersuchung des Schiffes nicht entdeckt werden konnten. Wurde aber ein solcher Betrug offenbar, so mußte er oft schwer gebüßt werden. Entweder wurden die Schuldigen gezwungen, eine bestimmte Geldsumme zu hinterlegen, oder wenn sie das nicht konnten, wurden ihre Güter oder ein Teil davon konfisziert. Konnte dann der Betreffende die konfiszierten Waren mit ihrem vollen Werte nicht einlösen, so verblieben sie im Besitze der Stadt.

So wurden im Jahre 1620 dem Claudius Georg von Marienkirch wegen Betrugs beim Zollen seine sämtlichen Güter, bestehend in Häuten und Fellen, konfisziert, ihm aber gegen Bezahlung von 50 fl. wieder zurückgegeben. Ebenso wurde Anton Küßlins aus Burgund unrichtig verzolltes Werg konfisziert, wofür er 90 fl. entrichten mußte, bis man es ihm zurückerstattete. Besonders nahm man es in der Angabe von Maß und Gewicht nicht immer genau. Es führten z. B. 1621 Peter Weiß und Jakob Kücher aus Marienkirch Hanf den Rhein herab und gaben an, daß

---

[1] Vgl. darüber: Actus confiscationis der Stadt Breisach auf dem Rhein und über die Brugg. Breis. Arch., Zollsachen.

es 70 Zentner seien. Bei genauerer Prüfung ergab es aber 100 Zentner 80 Pfund. Das Plus von 30 Zentner 80 Pfund wurde eingezogen.

Ähnlich erging es dem Bernhard Gräble und Hans Rudolf Horber aus Stetten im Thurgau, die Tuch rheinabwärts brachten. Sie gaben vier Stück, jedes zu 50 Ellen, mit einem Gesamtgewicht von ½ Zentner an. Dabei hatte aber jedes Stück 150 Ellen mit einem Gewicht von 1½ Zentner. Breisach nahm das Tuch an sich und gab es nur nach langem Bitten der Defraudanten und wiederholtem Hin- und Herschreiben gegen Bezahlung von 10 Kronen wieder heraus. Von den Strafgeldern erhielt, wie schon erwähnt, der Zoller den vierten Pfennig. Das Geld selbst wurde in das Lohnhaus abgeliefert.

Nicht ganz klar ist die Frage, inwieweit das Zollstrafrecht sich auf beide Zölle, den Herrschaftszoll und den Stadtzoll erstreckte. Die Strafen, die beim Herrschaftszoll verhängt wurden, waren weit höher als beim Stadtzoll. So mußte im Jahre 1611 Peter König aus Augsburg 100 Reichstaler hinterlegen, weil sein Diener Silbergeschmeide falsch angegeben hatte.

b) Bei den andern Zöllen.

Auch bei den andern Zöllen wurde vom Strafrecht ausgiebiger Gebrauch gemacht. Hier sind uns einige Fälle überliefert, die noch in das 15. Jahrhundert zurückreichen. Die Höhe der Strafe ist im allgemeinen niedriger als beim Rheinzoll, da es sich ja meist auch nur um geringere Warenmengen handelte. Die höchste Strafe, die hier verhängt wurde, betrug 8 fl., die 1475 ein Viehtreiber bezahlen mußte, weil er den Zoll entführt hatte. Die gleiche Summe mußte 1534 ein Fuhrmann ebenfalls wegen Zollentführung entrichten. Alle übrigen Strafen blieben unter dieser Höhe und kamen herab bis auf 10 Schilling, die 1592 ein Weib zu erlegen hatte, weil es den Wergzoll unrichtig angab. Für das gleiche Vergehen ging man im 17. Jahrhundert sogar bis auf 5 Schilling herab.

Seltsamerweise hören wir bei diesen Zöllen nichts von einer Konfiskation der Güter. Dagegen kam es in Biesheim im Jahre 1545 vor, daß dem Ulrich Willmann aus Schlettstadt, der mit einem Fruchtwagen und zwei Pferden dort durchfuhr, die beiden Pferde vom Wagen genommen und mit Gewalt weggeführt wurden, weil er den Zoll zu Biesheim verfahren habe. Doch war der Betreffende dieses Betruges nicht geständig, so daß sich seine Vaterstadt Schlettstadt für ihn verwenden mußte beim Rate zu Breisach, damit er wieder zu den beiden Pferden kam.

Über die Höhe derartiger Gelder etwa in einem Jahre läßt sich ebenso wenig Bestimmtes sagen, wie über die Zolleinnahmen selbst. Doch so viel ist aus den oben erwähnten, einzelnen Fällen zu ersehen, daß bei Entdeckung eines Betrugs die Stadt dafür sorgte, daß sie auf alle Fälle in ihren Einnahmen nicht zu kurz kam, sondern auf irgend eine Weise gedeckt wurde.

* * *

Fassen wir noch einmal kurz zusammen, so sehen wir, daß der militärische Stützpunkt Breisach auch als Zollstätte immerhin im Verhältnis zur Größe der Stadt von einiger Bedeutung war, wenn auch nicht in dem Maße wie die oberrheinischen Nachbarstädte Basel und Straßburg. Es wird uns aber auch klar, wie sehr Breisach deswegen angefeindet wurde und wie sehr es daher eines Rückgrates bedurfte, um seine Rechte auch zur Geltung zu bringen. Ohne die Unterstützung Österreichs hätte sich wohl Breisach seiner zahlreichen Anfeindungen niemals erwehren können.

Anhang.

Zollrodel vom Jahre 1397.

Dis ist der uffatze des zolles durch die rinbrugge.

Item was kornes durch die rinbrugge gat, da sol je das viertel zwen pfenninge geben.

Item ein vardel mit schurze tuoch sol zwen schilling geben.

Item ein lampartsche vardel, da gewant inne ist, sol 5 β geben.

Item ein burdi mit leder sol 6 ₰ geben.

Item ein balle mit leder sol 2 β geben und ein groß balle sol 3 β geben.

Item einhundert kropfvelle sol 6 ₰ geben.

Item „ schofvelle „ 6 „ „

Item von anderm gefille soll man nemen noch markzal.

Item einhundert stahel sol 1 ₰ geben.

Item ein soumig vesselin mit sleigeren[1] sol 18 ₰ geben und von den anderen, si sigent minre oder me, die sol man schetzen.

Item ein vardel papir sol 1 β geben.

Item ein zentner safran sol 4 β „

Item „ „ Ingwer „ 18 ₰ geben.

Item „ „ pfeffer „ 1 β „ und von andere spetzerige sol man nemen nach markzal.

Item ein zentner ere oder kupfer sol 3 ₰ geben.

---

[1] Schleier.

Item ein zentner bli sol 1 ₰ geben.
Item habermel, musse und hirse, da sol jeder sester vol einen stebler geben.
Item ein burde¹ mit hanf sol 8 ₰ geben und ein balle mit hanf sol 18 ₰ geben.
Item ein soum oleis sol 1 β geben.
Item „   „   honiges sol 1 β geben.
Item ein zentner anken oder zigeren sol 2 ₰ geben.
Item ein zentner smalze sol 2 ₰ geben.
Item ein fueberig vasse mit dürren biren sol 4 ₰ geben und ein halb fuoderig sol 2 ₰ geben.
Item ein ziger² sol 1 ₰ geben.
Item ein rumpfe mit anken sol 1 ₰ geben.
Item zwen   „   „ harze soellent 1 ₰ geben.
Item ein logel mit   „   sol 4 ₰ geben.
Item hundert iwene³ hölzer soellent 3 ₰ geben.
Item ein zuber mit eigern sol 2 ₰ geben.
Item „ vasse   „   „   4 „   „
Item ein sagke mit lorbonen sol 4 ₰ geben.
Item ein sagke mit syrmedon sol 2 ₰ geben.
Item „   „   „ mandeln „ 3 „   „
Item ein soum stahel sol 1 β geben und ein zentner 4 ₰.
Item „ burdi mit isen sol 1 ₰ geben.
Item „ veri   „ tilen „ 1 „   „
Item „ floz darnach man schezet.
Item „ tone mit heringen sol 4 ₰ geben.
Item „ schibe mit salze sol 1 ₰ geben.
Item „ strow bugginge sol 3 „ geben.
Item „ lere fuoder sol 2 ₰ geben.
Item „ zentner wachses sol 1 β geben.
Item „   „   unschlitt „ 2 ₰

---

¹ Last.
² Die feste Masse, die beim Gerinnen der Molken ausscheidet.
³ eiben.

Item ein zentner smer sol 2 ₰ geben.
Item „ soimig vesselin mit harnesche sol 1 β geben.
Item „ fuoderig vasse mit kestenen sol 1 „ „
Item „ halbfuoderig vasse mit kestenen sol 6 ₰ geben.
Item „ vasse mit sicheln sol 8 ₰ geben und einhundert sol 1 ₰ geben.
Item ein korb mit vigen und mit mertrubelen sol 3 ₰ geben.
Item ein vasse mit matkimi sol 6 ₰ geben, 2 sester sont 1 ₰ geben.
Item ein sagk mit haberkernen, da sol jeder sester einen stebler geben.
Item ein zentner bechins fleisches sol 2 ₰ geben.
Item „ logel mit mette sol 4 ₰ geben.
Item „ zentner wollen „ 3 „
Item „ stuck zwilchen „ 1 „
Item „ linin tuoch „ 1 „ „
Item „ vasse mit buchs „ 18 „ „
Item was den rine herab gat da sollent je zwei kelber 1 ₰ geben.
Item ein rint sol 1 ₰ geben.
Item „ pferit sol 2 ₰ geben.
Item was uber die bruggen harin gat, das sol den alten zolle geben und an dem rine nüt.
Item was hie usgeslagen wurt und uber die bruggen usgat, das sol an dem rine nüt geben und sol uber die bruggen den alten zolle geben.
Item ein halbe fuoderig vasse mit winstein sol 6 ₰ geben und was darob und darunter ist, das sol man scheßen.
Item ein swine sol 1 ₰ geben.
Item ein soimig vesselin mit messeren sol 1 β geben und was darob und darunter ist, das sol man scheßen.

Dis ist der zolle uber die bruggen:

Item ein moensche einen angster des tages, so er us und in gat.
Item ein rittende man git zwen angster, so er us und in gat.
Item ein burdi pfluogisen 2 angster; fuorte es aber ein

fremder hinus, der sol den zolle darzuo geben von dem karrich und pferit.

Item ein ziger git 2 angster.

Item „ roß, ein rint und ein feisset swin, da git jegliches einen angster und ein mager ferlin git einen stebler.

Item ein schof git einen stebler.

Item „ rindeshut git einen pfennig.

Item einhundert geissevel, schofvel, kropfvel und kalbvel, da git jedes hundert 6 ₰.

Item ein lere karre 3 angster, ist er aber geladen mit banden oder mit reiffen, git 4 angster vom last.

Item ein fuoder, das von Elsaß gon Brisgou gat oder vom Brisgou gon Elsaß, das git 2 angster und der karre 3 angster.

Item ein wagen mit korn im strouwe git 8 angster, der nüt unser burger ist und ein karre 4 angster, der ouch nüt unser burger ist.

Item ein wagen oder ein karrich mit last, der isen oder salz fuoret uber die bruggen, der git 2 β angster; vert er aber lere, so git er 1 β angster; füret ein lantmann ein fuoder wins uf eime wagen über die bruggen harin von Elsaß gon Brisgouwe uswendig der statt harin über die bruggen us, das git 2 β angster.

Item ein zentner stehel, wolle oder garn, der git 4 angster; 2 zentner gent 8 ₰; 3 zentner gent 1 β.

Item messer, da git je der zentner 8 ₰.

Item ein soum honiges git 18 angster.

Item ein „ oeles „ „ „ .

Item ein fuoder wins, das uber die bruggen gat, und unser burger ist, das git 8 angster.

Item ein logel mit vischen 6 ₰ und ein salme 3 ₰ angster

Item ein vasse mit vischen git 18 angster.

Item hundert sicheln git 2 angster.

Item ein schibe mit salz git 2 ₰.

Item ein burger, der korn in die statt füret uber die bruggen, der soll von 4 viertel 1 ₰ geben.

Item ein viertel salzes git 2 angster.

Item ein karre mit brot, der harin gat, der git 2 ₰.

Item ein vasse mit brot, das den rine herab kunt und uber die bruggen us gat, des git 6 angster und das harin gat, git 2 angster.

Item ein zentner geschmideg, das spengler anhoert, der git 4 ₰ angster.

Item eine tone mit heringen git 3 ₰, die harin gat uber die bruggen und die hinus gat, git 6 angster.

Item ein wagen mit ziegeln, mit ziegelsteinen oder mit kalch git 1 β angster und ein karre 8 ₰.

Item ein ganz bische logel mit gesalzenen bischen git 6 ₰ und ein halbes git 3 ₰.

Item ein fuoder tilen, das uber die bruggen harin gat durch die statt, git 1 β angster, er sie burger oder gast, das git er an dem rintor, und ein karre 8 ₰; fert er vor das wighus hinus, so git er ouch so vil.

Item ein zentner mit wachs git 6 angster.

Item ein soum mit gewant git 2 β und das under eine soume ist, da git jedes tuoch 2 ₰.

Item ein bardel mit schurztuoch, das uber die bruggen gat, git 2 β angster; was aber under eime soume ist, das git jedes tuoch einen angster.

Item ein wisse tuoch, ein grawe tuoch, ein stuck zwilchen, ein stuck wepptuch und ein friburger tuoch git jegliches 2 ₰.

Item ein zentner mit anken git 3 ₰.

Item „   „   fleisches   „ „ „

Item „   „ mit schmalze   „ 4 ₰.

Item „   „   „ smer   „ „ „

Item „   „   „ unslit   „ „ „

Item ein sagk mit hirs und mit habermel, da git jegliches 4 ₰ und haberkorn git ouch 4 ₰.

Item ein wagen geladen mit müfellen[1] und ein karrich geladen mit müfellen, der zwüſchent den bruggen geladen würt, da git der wagen 1 β und der karre git 8 ₰.

Item ein ſagke mit keſen git 3 ₰.

Item ein viertel mit muoz, weles hande es iſt, das git 3 angſter, das harin gat und 6 ₰ hinus.

Item ein viertel mit ſenſſamen git 4 ₰ und das under eine viertel iſt, das git jeder feſter vol einen angſter.

Item ein tennelin und ein weideling, den man über die bruggen usfueret, der git jeglicher 4 ₰ angſter.

Item ein karre, der über Rine fert in den herbſt, der git 8 ₰ angſter; ſo er aber harwider über fert, ſo git er 4 ₰.

Item ein ſaum ſattel mit eine pferit, der in herbſt fert über Rine, der git 4 ₰, ſo er hinüber wil; ſo er aber harwider uber fert, ſo git er 2 ₰.

Item hundert ſegeſen git 1 β.

Item ein fuoder wins, das us der ſtatt an den Rine gat, das git 1 β angſter.

Item ein fuoder mit keſtenen, das uber die bruggen us gat, das git 1 β und ein halb fuoder 8 ₰.

Item ein fuoder mit buchs, das git 2 β, zu welchem tor es us gat.

Item ein welſche fuoder mit buchs git 1 β, ein welſche karre der git 6 ₰.

Item ein wagen mit hoeiwe git 8 ₰.

Item ein karre mit hoeiwe git 3 ₰.

Item „ fuoder „ husrat „ 1 β

Item „ karre „ „ „ 8 ₰.

Item „ bette „ 2 ₰.

Item ein karre mit zibollen, knoboloch, kabus und peterlin, da git der karre und das daruf lit 6 ₰.

Item ein karrich geladen mit biren oder ander obeſt, den man hinusfueret, der ſoll 6 ₰ geben mit dem obeſt;

---

[1] Scheit, abgeſägter Prügel, Klotz.

fert er aber harin und wil er in der statt verkaufen,
so sol er 4 ₰ geben.

Item ein rosse oder ein esel, das mit 2 koerben über
die bruggen usgat geladen, das sol 3 ₰ geben.

Item ein karre mit korne, der hinus fert oder harin, der
sol mit dem korne 6 ₰ geben; belibet er aber über
nacht hie inne, so sol er morn aber den selben zolle geben.

Item ein zentner ere oder kupfer git 6 ₰.
Item „ „ bli „ 2 ₰.
Item ein gast, der korn harin führt, da git der karre
3 angster und jedes viertel 1 stebler.

Item ein mülinstein git 2 pfennig.
Item „ loeifer und ein schliffestein git 1 β pfen.
Item „ soimig vesselin mit eisen „ 3 ₰.
Item „ karre mit kol harin „ 5 ₰.
Item „ panzer „ 2 ₰.
Item „ logel mit bech, swebel, scipfen oder ein zentner
git 4 ₰.

Item ein korb mit vigen oder mit mertrübel, der git 3 ₰.
Item hundert kropfevell git 6 ₰.
Item ein viertel ruoben git 1 stebler.
Item ein sagk mit dürren biren git 1 ₰.
Item ein vardel buteltuoch „ 4 ₰.
Item ein karre mit kisten, mit kubelen und mit semblichen
geschirre git 1 β.

Item ein sagk mit lorbonen git 4 ₰.
Item ein viertel nusse git 1 angster.
Item ein zentner mit glatti, das hafener bruchent zu gla=
sure, git 2 ₰.

Item ein vardel mit papier git 4 ₰.

Anno millesimo trecentesimo nonagesimo septimo
secundo die septembris completus est iste liber per
Heinricum Norsingarium scriptorem huius oppidi.